なぜ、彼らは「お役所仕事」を変えられたのか?

常識・前例・慣習を打破する仕事術

Heroes of Local Government(HOLG.jp)編集長
加藤年紀[著]

学陽書房

「役所は『出る杭は打たれる』世界。
頑張るほど、悪目立ちしてしまう。
そう思うと、勇気が出ない」

「地域の役に立ちたいと思って公務員になったのに、
やりたい仕事ができず、達成感を感じられない」

「実績をつくろうとしても、チャンスをもらえない。
自己保身ばかりの上司をどう動かせばいいか…」

「最近、くすぶっている自分がいる。
このままではまずい、とわかってはいるけど……」

――そんな想いを抱いている、あなたへ。

はじめに――公務員には、世の中を変える力がある

２０００年の地方分権以降、わずかながら、公務員の「個」に光が当てられることが増えてきた。しかし、その一方で役所が「個」の力を発揮できる環境を構築できているかというと課題は山積している。何より、役所は未だに「出る杭は打たれる」世界だ。頑張っても報われない世界では、誰しもその気力を次第に奪われていく。

しかし、こうした環境にありながらも、業務分野の地味・派手を問わず、自らの信念を貫き、役所の中で成果を上げてきた公務員たちがいる。本書に収めたのは、そんな10人の公務員たちが言葉にした数々の実践である。

圧倒的な行動力で新しいプロモーションを生み出した公務員。
個性を生かして地域のＰＲを担う公務員。
徴収担当として卓越した成果を上げた公務員。
海外の対応手法を導入し、児童虐待から子どもを守る公務員。
先進的な公会計制度を構築した公務員。

はじめに

暮らしの基盤である、水道の改革に人生を賭した公務員。
市民の心に火をつけて、まちの魅力を高める公務員。
地域とともに歩み、ふるさと納税日本一を成し遂げた公務員。
行政の無駄を指摘し、さまざまな業務改善に取り組んだ公務員。
公務員の可能性を信じ、全国の公務員の価値を高める公務員。
彼らは孤独や葛藤を抱えながらも、課題と向き合い、大きな成果を積み重ねてきた。

お役所文化の代表格といわれる「前例踏襲」という言葉がある。実を言えばこの「前例踏襲」は、絶対悪ではない。なぜなら、前例の存在は失敗するリスクを低減し、第一歩を踏み出す勇気を与えるからだ。

本書で紹介する10人の実践は、組織の中で奮闘する方へ、大きな勇気を与える「前例」となるだろう。そして、その「前例」の中から、自分の状況に合う「前例」を、文字通り「踏襲」していただけることを、何よりも願っている。

加藤 年紀

#02

使命感を持って、好きなことをやる

井上純子（北九州市）
観光

限られた予算で効果を最大化――会議でコスプレ企画が決定
「公務員」×「個性」――ギャップを活かして尖らせる
いきなり、NHKの全国放送「ニュースチェック11」に登場
メディアのニーズを汲み、WIN-WINの関係をつくる
逃げるように帰った、孤独な職員表彰
子育てが終わったときに、何も残らない人生にはしたくない
バナナ姫の復活――YAHOO!のトップページに掲載
税金を使わず活動――支援金額は50万円超
バナナ姫は公務員だから応援してもらえた

036

【COLUMN 1】世界は変わっている。公務員も変わらなければならない
倉田哲郎（箕面市長）

#04

学びと実践の先に、突破口は必ずある

鈴木浩之（神奈川県）
児童虐待

根本的な課題を捉え、本質的な解決策を問い続ける
家族に寄り添うことを可能とする、海外手法の導入
取組みの成果を可視化し、分析を繰り返す
新たな取組みを進めるには、過去を否定しない
忘れられない一言「お前が担当する子どもは不幸だ」
怒鳴られることも必要なプロセス

#06

不都合な真実を伝える覚悟を持つ

会議設計のこだわりが、突破口を開く
緻密なシミュレーションを根拠に、粘り強く提案
先頭から見える景色は、二番手には見えない
自分を超える若い奴らが出てくると面白い
「水道事業体の9割は黒字」はフェイク
修羅場で触れた「水道人」の矜持

菊池明敏（岩手中部水道企業団）
水道

106

第4章　官と民の視点を操る

#08

予算ゼロだからこそ、始められることがある

黒瀬啓介（平戸市）
ふるさと納税

予算がゼロでもやれるところからやる
事業者と対等な関係で協働する
カラープリンターを使ってカタログを手づくり
寄附者ファーストの追求——どこの自治体でもやらないことをやる
ふるさと納税で儲けようという事業者は参加しないでほしい
ふるさと納税は、生産者の人生を背負う
民間企業への出向を市長に直談判
出向で感じた自治体のゴール設定の甘さ
とことん真剣に公務員をやろうぜ

142

第5章 公務員・行政の可能性を信じる

#09 小さな成功体験が未来を拓く第一歩

酒井直人（中野区）
業務改善

#10

公務員の志が、世の中を変える

自治体職員への恩返しとして「よんなな会」を開催した
熱量が仲間をつくる
忙殺されている公務員が志を高めることのできる場
安定と言われる公務員だからこそチャレンジする
公務員がカッコイイと思われる世の中をつくりたい

第6章 常識・前例・慣習を打破して、公務員像をアップデートせよ！ 195

公務員による公務員バッシングという不思議

人事制度は語る――公務員は今も昔も「駒」である

「常識」を疑え――非常識な取組みに耐え得る「信頼残高」を獲得せよ

「前例」を使い倒せ――未来は前例から見通せる

「慣習」に眠る改善の余地――業務の本質を突き詰めろ

役所のイノベーションを阻む最強の殺し文句「標準化」

やりたいことを実現する方法は、2つしかない

自己承認欲求という落とし穴

あなたが変えられるものは何ですか

公務員の仕事に誇りを持ち、公務員像をアップデートする

公務員は、「世の中」を変えることができる

おわりに――公務員の「可能性」を信じて 215

第1章

公務員だから活躍できる

#01

公務員 × シティプロモーション

公務員という後ろ盾があるから、挑戦できる

山田崇（塩尻市）

やまだ・たかし

1975年生まれ。塩尻市企画政策部地方創生推進課地方創生推進係長（シティプロモーション担当）。地域の課題に当事者として取り組むべく、空き家を活用したプロジェクト「nanoda」を2012年4月よりスタートし、「地域に飛び出す公務員アウォード2013」大賞を受賞。TEDxSakuでのトーク「元ナンパ師の市職員が挑戦する、すごく真面目でナンパな『地域活性化』の取組み」が話題に。2016年からは首都圏のプロ人材との官民連携プロジェクト「MICHIKARA」をスタートし、グッドデザイン賞2016受賞。同年、ソフトバンク地方創生インターンシップ「TURE-TECH」を実施するほか、2017年にはリクルートホールディングスと塩尻市の包括連携協定などに携わる。内閣府地域活性化伝道師、「信州移住計画」ファウンダー。著書に『日本一おかしな公務員』（日本経済新聞出版社）。

２０１８年に年間２３１回の講演。元ナンパ師公務員と呼ばれ、多くのメディアでその姿を目にするのが、塩尻市の山田崇だ。元ナンパ師公務員と呼ばれるゆえんは、大学時代に繰り返したナンパにある。その経験が功を奏したのかは不明だが、山田は自らを実験台と称し、公私を問わずに実践と検証を絶え間なく繰り返す。

これは時代の趨勢だろうが、今、個人と組織の活動を隔てる境界線が薄れつつある。２つの世界を行き来することが、個人と組織、双方の活動に相乗効果をもたらすようになったが、山田の事例はその先駆けといえる。

大企業と研修プログラムを開発し、関係人口を増やす

山田は２０１８年4月に、地方創生推進課、シティプロモーション係の係長を務めることとなった。部署の前身は、２０１５年4月に生まれた、企画課のシティプロモーション係だ。当時、担当課長と山田の２人で始まったこの部署は、２０１９年3月時点には、正規職員7名、地域おこし協力隊員6名の計13名体制へと成長した。

「２０１５年に塩尻市は第5次総合計画というものを策定したんですよ。9年間の長期戦略とシティプロモーション戦略、それと、３年間の中期戦略をスタートさせました。私

たちの役割は住民とのコンタクトポイントをつくり、その戦略、施策を広く伝えること。それと並行して、次の戦略と施策をつくるために住民の声を集めることなんです」

そこには、塩尻市の強いこだわりがあった。

「大手のコンサルにお願いをして、金太郎飴みたいな総合計画をつくったわけではありません。2年かけて、塩尻のありたい姿を市民や専門家、そして職員も交えて考え、『30年後も選ばれる地域』をめざす戦略をつくりました」

シティプロモーション係のもう1つの役割は、自らがプロトタイプとして、攻めの姿勢を取り続けることだった。そのため、今までに例のない事業を次々に展開していく。

「塩尻市では、民間企業の社員と塩尻市の職員が一緒になって、塩尻市の課題解決案を考える合宿、『MICHIKARA（ミチカラ）』という取組みを行っています。2015年度に始まり、今年度で5回目となりました」

塩尻という地で行われる2泊3日のこの合宿は、企業からすると研修という扱いになる。2015年の初開催では、リクルートグループ、そして、ソフトバンクグループとスタートを切った。翌2016年は日本たばこ産業が参画。2017年にはオリエンタルランドと日本郵便株式会社、さらに2018年にはANAホールディングスがその輪に加わった。

これらの企業の研修参加者数は累計で１００名を超える。

「総合計画の策定時点では、住民や企業とともに解決すべき課題に、踏み込めなかった部分もあります。そこで、このプログラムでは、**塩尻市が具体的な課題を設定し、民間企業の社員と協働による解決をめざします**」

第1回の「ＭＩＣＨＩＫＡＲＡ」で設定された課題は次のものだ。

1．新体育館の活用戦略と民間投資活用の可能性
2．地産地消型木質ペレットによる熱供給事業の展開戦略
3．ネットワーク・テレワークインフラ等のＩＣＴ基盤活用戦略
4．空き家対策戦略
5．子育て女性の復職・両立支援戦略

多くの企業が参画するのには理由がある。

「研修プラグラムの最後に、課題解決策を市長に直接プレゼンできるんです。**もしそこで認められれば、行政経営システムに基づき、来年度の予算案に反映できる仕組み**となっています」

実際に過去9つの案件に予算がつき、すでにプロジェクトとして動き出している事例も存在する。

一方、市にとって、協働や課題解決とは異なる面からも大きなメリットがある。

「職員にとって、民間企業の社員と一緒に考える機会は貴重で刺激的なんです。人材育成やモチベーションのアップにも、目に見えてつながっています」

そして、山田の実践と検証は次のフェーズへと続く。2016年には「MICHIKARA」の学生インターンシップ版をスタートさせた。

「リクルートマーケティングパートナーズと『WILL×地域創生』、ソフトバンクとは『TURE−TECH（ツレテク）』というプロジェクトを実施しました。企業からは、今まで自社に関心がなかった学生層に、地方創生という文脈でアプローチができたと高評価をもらうことができました」

こうした官民協働の現場では、組織文化の違いによって、意思疎通がままならないこともある。それを防ぐため、山田には強くこだわるポイントがあった。

「我々が大切にしているのは仕様書づくりです。まず、『向き合うべきテーマ』『テーマの背景』『我々のビジョン』『過去にトライしたことの進捗やその結果』を示し、そのうえで解決してほしい課題を明確に提示しています」

地域の課題を公開すると、過去の責任を指摘されるようなリスクもある。しかし、山田は臆せず課題をかみ砕いて伝え、民間企業との溝を埋めていった。

住民・企業ニーズに向き合い、その架け橋となる

少子高齢化によって財政的な課題が予見され、多くの自治体では行政サービスの低下が懸念されている。そのため昨今では、行政、企業、住民の三者が有益となる官民連携によって、サービスの向上をめざす自治体も増えてきた。今後、企業や住民との架け橋を担うことができる公務員は、さらに重宝されるようになるだろう。

「塩尻市役所には５６１人の職員がいますが、市長には『山田みたいなのは一人でいい』と言われています（笑）。実際、ちゃんと業務を回してくれている多くの職員が、塩尻市にはいます。だから、**最初に行動して、最初に血を流すのは私の役割だと思っています**」

山田は先陣を切って、民間企業と信頼関係を構築してきた。

「『ＭＩＣＨＩＫＡＲＡ』で実現したいのは、大手企業であっても挑戦できないことが、塩尻に来ればできる。そういう世界です」

塩尻市は、市民にとっても挑戦可能な機会の創出をめざす。シティプロモーションで陥りがちな補助金による移住者の誘致とは、大きく一線を画していた。

「他の地域の人口を奪うのは違うと思うんです。**日本全体の視点で見れば、減りゆく人口を奪い合う必要はないんですよ。**もちろん、『老後を信州で』っていうプロモーションをする自治体があってもいいと思うんです。でも、塩尻市はそうすべきではないと思っています」

山田は、人々の本質的なニーズに向き合っていた。

「これからは、好きなまちで自分らしく暮らすことを求める若者がどんどん増えていくと思います。**塩尻をその選択肢の１つに入れてもらうため、よりブランド力を磨いていく必要があるんです。もちろん、市の職員自身も磨かれないといけません**」

一番腹が立ったのは市役所の職員

今でこそ、仕事に情熱を傾ける山田だが、もともとは職務に没頭するタイプではなかった。スイッチが切り替わる出来事は、10年前にさかのぼる。

「2009年に市民交流センター『えんぱーく』という、複合公共施設の開設準備室のメンバーになりました。当時、市民団体のリーダーの方々が40人くらい集まった会議で、イベントの呼びかけをしました。そこで、私が大失敗をしたんですね。1時間の会議のうち30分は、みんなの前で立たされながら、怒られ続けたんです。上司が心配して、『お前、今日はもう帰ってもいいぞ』と言うほどでした」

山田はその体験から目をそらすことなく、自らを見つめ直した。

「怒られた理由を突き詰めると、今まで一切、市民活動をしたことがなかった事実に行き着いたんです。しかも、会議の参加者の中で、給料をもらいながら関わっていたのは、私だけ。それも税金からです。そんな奴が、『ボランティアで動いてください！』と言っても、そりゃダメだろうと思いました」

後に出向した商工会議所でも同様のことを感じた。

「塩尻商工会議所の会頭に報酬は支払われていません。一方で、年会費として、会頭は年間70万円、3人の副会頭も35万円、約90人の議員は5万円から15万円を払っています。そんなことも知らなかったんですよ」

実体験から内省を繰り返した山田は、業務時間外に市民活動を始めた。

「『Shiojiring』という〝しおじりで、アートをしよう、アートでつながろう〟というプロジェクトを行いました。もう1つが、シャッター商店街の空き家を活用した『nanoda』というプロジェクトです。失われたにぎわいを取り戻すため、さまざまなイベントをそこで開催しています。2012年4月に始めて約7年が経ちますが、その間に行われたイベントは約400回です」

商店街の空き家を借りるため、取組みに賛同した市職員が、毎月千円ずつ自腹で出し合った。実は「MICHIKARA」や「TURE-TECH」は、この「nanoda」のつながりから誕生した。

「自腹を切るからこそ、まちの課題を一市民として感じられるんです。それを市の施策に活かそうと考えるようになりました。市民としての視点を役所に持ち帰り、塩尻に住む約6万7千人という、市民全体のための仕組みをつくらなければ

いけないんです」

市民目線で役所を見ると、思うところも出てきた。

「塩尻商工会議所に出向した3年間の中で、一番腹が立ったのは市の職員でした（笑）。電話をしてものらりくらりとかわされる。『結論を出せない奴は電話に出るな』って、いつも思っていました。でもね、自分も外に出るまでわからなかったんですよ」

その頃の山田は、まだ公務員の可能性に気づいていなかった。

「昔はね、公務員のことをバカにしていたというか、超ナメていたんですよ。学生時代のバイトや、大学の研究室よりラクだと思っていました。だって、成果を出さなくていいんですもん。大学では応用化学という領域を研究しましたが、成果が出ないと卒業できませんでしたから」

「地域で挑戦する若者」を応援する大人を増やせ

役所の中でやりたいことを実現する際に、最もハードルになり得るのは上司だ。ひるがえって、上司からの理解が得られれば、活動の幅は大きく広がる。

「私が尊敬する上司の一人に、田中速人さんという方がいます。彼は『えんぱーく』のときにも、危なっかしい私の強みを活かしてくれました。『1歩踏み出してみろ、2歩踏み出せ、3歩踏み出せ！　もし3歩目で、俺が思っている方向と違ったら、肩叩いてやる。責任は全部俺が取るから、とにかくやってみろ』、そうおっしゃるんです。そんなこと言われたら、やるしかないですよね」

田中との縁は、このプロジェクトだけで終わらなかった。

「2015年、第5次総合戦略のシティプロモーションがスタートしたとき、企画政策部長は田中さんでした。彼は退職前の最後の1年でも守りに入らず、『俺に単なる計画だけをつくらせるのか？』『打ち手も出していけ。そういう部署だから』って言ったんです」

その言葉があったからこそ、年度末の2月、ギリギリのタイミングで山田は『MICHIKARA』の実施にこぎ着けつけることができた。

忘れられない言葉は他にもある。

「あるとき、こう言われたんです。『山田お前、5年、10年経ったとき、〝あのときやらかしたな〟という酒は一緒に飲める。だけど、〝お前は何もやらなかったな〟という酒は飲めんぞ』と」

部下に挑戦を促すことは管理職としてリスクを負うことにもなる。当然、山田への信頼があってこその言葉だろう。実は、庁外においても、山田には厚い信頼が寄せられていた。たとえば、商工会議所時代の一幕だ。

「山田正治会頭は『これから先のことは、若い人たちが挑戦しなきゃいけない。とにかくやれ！』と言ってくださいました。しかも、『成功したら山田くんの手柄、失敗したら私のせいにしなさい。私はもう75歳。山田くんの失敗は、全部墓場に持って行ってあげる』と。本当に寛容ですよね」

山田は自らが先人たちに救われたからこそ、次の世代をサポートしていきたいと言う。

「私も後輩に同じことをしないといけない。そして、地方創生に求められるものの1つが、**『地域で挑戦する若者』を応援する大人を増やす**ことだと考えています」

厳しい顔つきから一転して、今度は天真爛漫に口を開く。

「よく若い職員が『上司のせいで……』とか、『今の体制ではできない』とか言うじゃないですか。でも、**上司、特に部長・課長は5年もすればいなくなるんですよ**。それは、年功序列や終身雇用のデメリットであり、メリットでもあるんです。別の観点で考えると、年功序列だから、自分が管理職になれる。そのときには挑戦ができるんです」

役所はちょっと頑張れば、すぐに頭が出る

往々にして、公務員は自らの価値を認識していない。山田も同じことを感じていた。

「**公務員への信頼感はもっと活用すべき**です。よく、『ｎａｎｏｄａは、公務員としての仕事なの？』と聞かれるんですね。もちろん、個人のプロジェクトです。だけど、私は公務員なんですよ。それは、隠せない。むしろ、隠すどころか、しっかりと見えるようにすることが大切です（笑）」

それは、山田の実体験から痛感したことだ。

「ｎａｎｏｄａに『お掃除なのだ』という、商店街の空き家を皆で掃除させてもらうイベントがあるんです。掃除をした後に大家さんと食事したり、コーヒーを飲んだりするんですけど、このイベントは公務員としての信用があるから実現するんです」

実は過去に、ｎａｎｏｄａに感銘を受けた若者が、その取組みを真似ようとしたことがある。しかし、大家の許可を得ることができず、実現することはなかった。

「だって、知らない人に『タダで掃除させてください』って言われたら、すごく怪しいですよね。そういう意味では、公務員であることが私にとって、すごく大きな後ろ盾だっ

たと思います。**公務員だからこそ、地域で挑戦ができるんです**」

山田は公務員の価値を、最大限活用している。

「よく、公務員を辞めないのかと聞かれるんですけど、民間のトップの人やベンチャー企業の経営者の皆さんと話していると、一緒に競いたくないなって思いますよね。市役所って民間に比べて全然ぬるいから、ちょっと頑張ればすぐに頭が出るんです（笑）」

自分自身が公共のような存在でありたい

最近になって、山田は自らの行動基準を刷新した。

「私はこれまで迷ったときに選択できなかったんです。でも、これから先は、声の少ないほうを選択することに決めました。今、『山田さん辞めないの？』とたくさん言われているので、それが続く限りは公務員でいようと思っています（笑）」

自身を俯瞰して見ることで、新たな発見もあった。

「最近参加したイベントで、私は何者なのかと、自分自身と徹底的に向き合ったんです。ワークショップの中で、私を象徴する言葉を見つけるために、150個ほどの単語を書き出しました。その中で、一番しっくりきたのが『月』だったんです」

意外な答えだった。山田が月か太陽のどちらかと問われたら、多くの者が太陽と答えるだろう。

「月になった理由を考えたら、2つの答えが出てきました。1つは、自分がNo．2に向いているということ。**たくさんのプロジェクトを回しているので、イノベーターやパイオニアタイプだと思われることが多いんですが、本当はそうではありません。実は常に誰かがやりたそうなことを進めているだけなんです。**次は何をやるのかと期待されるんですが、私自身がやりたいものはあまりない。私をよく知る人には『山ちゃんは、究極の指示待ち人間だね』と言われます」

もう1つの理由を尋ねると、公務員としての意識が色濃く浮かび上がった。

「公共は『ムーンショット』という夢を見て、月に向かい続けることができます。民間だと売上や利益が必要で、一定期間で結果が出なければ止めざるを得ない。でも、**公共はやると決めたらやる。たまたま訪ねてきた市民に寄り添うことができる**んです」

山田が太陽のように見えたのは、全力で伴走するからなのかもしれない。

「**山田崇という人間も、公共のような存在でありたい**んです。蛇口をひねったら簡単に出てくる。まるで水のように存在しながら、市民に寄り添っていきたいと思います」

山田崇に学ぶ 役所でやりたいことを実現するヒント

✔ 公務員の信頼を活用する

公務員自身が自覚していないことも多いが、公務員や行政組織への信用はとてつもなく大きい。活動を進めるうえで、そのアドバンテージを利用しない手はない。

✔ まず実践し、走りながら修正する

世の中の多くの物事は進めてみないとわからない。たとえば、ソフトウェア開発というミスが許されない仕事であっても、走りながら軌道修正する業務フローが増えてきた。なぜなら、それがゴールへの最短ルートになり得るからである。

✔ オンとオフをつなげる

社会全体で個人と組織の境が曖昧になってきた。個人の活動が組織の活動につながり、組織の活動が個人の活動につながる時代。オン・オフという概念から抜け出すことが、いずれ、仕事の成果をもたらすこととなる。

#02

公務員 × 観光

使命感を持って、好きなことをやる

井上純子（北九州市）

いのうえ・じゅんこ

北九州市観光課において、低予算でインパクトがあるPRをすべく、2016年から、バナナの叩き売り発祥の地・門司港のイメージキャラクター「バナナ姫ルナ」に扮した観光PRを行う。首都圏や関西、中国地方等でも精力的にPR活動を行い、「バナナ姫ルナが案内する観光ツアー」や民間企業とコラボした「バナナ姫ルナ焼きカレー」の販売等、ユニークな取組みを実施。新聞やラジオ、ウェブサイトをはじめ、YAHOO!ニューストップページへの掲載、NHK「おはよう日本」での全国放送など、メディアに150回以上取り上げられ、北九州市の認知度向上に貢献。2018年4月の異動のタイミングにあわせて、同年3月にバナナ姫ルナを引退するも、復帰を求める多くの声に後押しされ、2018年10月より個人として活動再開。3児の母でもある。

黄色のドレスに身を包み、金髪のロングヘアにバナナの耳飾り。先端にバナナがついたステッキを片手に、市のプロモーションに奔走する公務員がいる。大手メディアを含め150回以上もメディアに登場したのが、「バナナ姫ルナ」の中の人こと北九州市の井上純子である。

バナナ姫のメディアからの注目度は、通常では考えられないレベルだ。広告換算すると「億」はゆうに超えるだろう。「本気すぎるコスプレ公務員」として話題をさらった井上の活動には、公務員が組織の中で個性を活かして活躍するヒントがある。

限られた予算で効果を最大化——会議でコスプレ企画が決定

「2015年4月から観光課に配属され、観光客数を増やすために、北九州市の観光情報の発信などを行っていました。そして、翌2016年の7月から1年8か月、バナナ姫として観光業務を行いました」

これだけ聞いてもさっぱり状況がわからない。そもそも、バナナ姫とは何なのか。また、なぜコスプレをすることになったのだろうか。

「北九州市は有名な観光地とは違い知名度がありません。『北九州市ってどこ？』と聞かれることもよくあって、もっとアピールする必要があったんです。

ある日、企画会議をしているときに、『井上さんならコスプレで盛り上げられるんじゃない？』と上司から言われました。もともと私は、地元である小倉のハロウィンイベントの**仮装コンテストに毎年出場していて、2015年にグランプリ**をいただきました。上司もそれを知っていたので、この企画が生まれたんです」

当時の井上は、バナナ姫が大きく脚光を浴びるとは夢にも思わなかった。

「観光課の職員が、ハッピを着ている延長線上にあると思っていたので、あまり深く考えていなかったんです。また、コスプレはバナナ姫ありきではなく、はじめはアニメやマンガのキャラクターが案に挙がりました」

しかし、予算が潤沢につくような時代ではない。選択肢は自ずと限られた。

「アニメなどの場合、版権をはじめ膨大なお金がかかります。**限られた予算で効果を最大化するために、北九州市にある門《も》司《じ》港《こう》という観光地で、以前から存在していた『バナナ姫ルナ』というキャラクターに目をつけました。**バナナ姫の由来は、かつて国際貿易港として栄えた門司港で、今も伝統芸能のように行われているバナナの叩き売りです。上司に『このキャラクターだったらやります』と伝えました」

地域にゆかりのあるバナナ姫を選択したことは大きい。後に市民やメディアから多大な支持を受ける大きな一因となった。

「公務員」×「個性」——ギャップを活かして尖らせる

バナナ姫ルナの作者から使用許可を得て、企画は順調に前進していった。ところが、イベントが近づき、いざ出番というタイミングで、井上は自らの目を疑った。

「お披露目イベントに関するプレスリリース案を見たときに、私の個人情報がたくさん書かれていたんです。部署名だけでなく、名前も年齢も書かれていて（笑）、ハロウィンイベントでグランプリを獲ったことまで書かれている。すごく戸惑いました」

名前や年齢については伏せたいと、すぐに上司へ相談した。しかし、上司には熱い想いがあった。

「『公務員がコスプレするというギャップを生み出して、尖ったプレスリリースにしたい。そのためには、井上さんがコスプレをする理由が必要だ』と言われました。当時28歳の市職員が、個人名を晒して姫を名乗る。正直、それはどうなのかと思いましたが（笑）、もう逃げられないなと思いました」

2016年6月にコスプレ企画が生まれると、その翌月にはバナナ姫がお披露目されることとなった。市の幹部との調整は上司が行い、驚異的なスピードで物事が進んだ。一方、イベントが近づくにつれて、井上には不安が募るようになった。

「その頃に、ある自治体がつくった動画が『女性軽視だ!』と言われて炎上していました。市の幹部やメディアが企画にどう反応するのかわからなかったので、ずっとヒヤヒヤしていたんです」

いきなり、NHKの全国放送「ニュースチェック11」に登場

不安を抱えながら、井上は第一歩を踏み出した。

「お披露目の際に、市の記者クラブに情報提供をしました。NHKの地方局に取り上げてもらったのですが、その日の夜の全国ニュースに出たんです。それ以降、民放や新聞が追うように取材してくれました」

心配は杞憂に終わる。それどころか、これ以上ないスタートを切った。

「後日、関係者から伺ったところ、ネットの記事のアクセス数が多かったそうです。それ以降、『何かをするときは情報が欲しい』『先に自分たちだけに情報をください』と言わ

れるようになりました」

その後は知名度の高まったバナナ姫を駆使して、次々と積極的なＰＲを進めていく。他県で観光課のイベントを開催する際には、全国紙からローカル紙まで積極的に訪問した。

「自治体がメディア訪問をするときに、よくキャンペーンレディを連れて行ったりしますが、**私の場合は『公務員がコスプレして訪問する』と伝えます。**その時点でビックリされるのですが、実際にバナナ姫の格好をして訪問すると、記者さんはさらに驚くんです。驚かせることができればできるほど、記事のボリュームが増えたり、カラーになったりすることも学びました」

メディアのニーズを汲み、ＷＩＮ－ＷＩＮの関係をつくる

奇抜な趣向でメディア受けを狙う企画は、全国を見渡せば無数にある。しかし、多くの場合にそれは成功していない。バナナ姫が大きく注目された要因はどこにあったのか。

「まず、人と人の関係を大事にしています。そして、お互いＷＩＮ－ＷＩＮになるように、**自分のニーズと記者さんのニーズを考えて、両者にとって適切な落としどころ**を探すんです」

もちろん、はじめから記者のニーズを理解していたわけではない。日々メディアと接する中で学んでいったが、その探究心は人並外れていた。

「テレビ取材を受けた場合には、バナナ姫のどういう映像が、どういうストーリーで使われるのかをチェックします。また、新聞では自分が喋った内容が、どんな記事になるのかをチェックするんです。そうすることで、だんだんメディアの方が何を期待しているのかがわかってきました。読者や視聴者の反応も知りたいので、実はネット記事のコメントや2ちゃんねるもチェックしています」

一見、華やかに映る活動は、同僚から敬遠されることもある。しかし、バナナ姫の活動は井上の業務の一側面にすぎない。

「派手だと思われがちですが、イベント以外では普通の事務仕事をしていました。いつもイベントがあるわけではないので、地味な部分も多かったと思います」

地道な作業を業務時間外に行うこともあった。

「観光課時代には一部衣装を発注してつくってもらったんですが、自分でも加工をしました。髪の毛もウィッグを買って、緑から黄色に、バナナがグラデーションするように塗っています。それも油性ペンと除光液を使ってました（笑）。ウィッグは家で手洗いしていたのですが、洗うたびに緑色が落ちるので、すごく手間がかかりましたね。他にもボンドで衣装を修理することもありました（笑）」

活躍の裏に、人知れぬ苦労と強いこだわりが垣間見えた。

逃げるように帰った、孤独な職員表彰

閲覧数を増やしたいウェブメディアは、とりわけ過激なタイトルを好む。それによって井上に注目が集まると、やがて批判的な考えを持つ者が役所の内外に現れる。

「『公務員が仕事中にコスプレしていいの？』という記事が出たこともありました。そんなことも経験し、バナナ姫の活動をしているときは、いつも恐怖との闘いでした。

私は末端の職員なんです。**ヒラの職員がここまで目立ってしまったときに、誰かにハシゴを外されたらどうしようと常に不安でした**」

日々、接する同僚の目は特に気になった。役所では目立つ職員に対して、厳しい目が向けられがちだ。

「活動を開始して半年ほど経ったときに、北九州市の職員表彰を受けました。そのとき、

課のライン全体で受賞という話もあったようですが、人事や市の幹部が個人の活動として評価し、結果として私一人の受賞になったんです。そういう経緯などもあって、私のことを快く思わない人がいることも理解できました」

実際、表彰式でも井上は孤独を感じていた。

「他部署の受賞者はみんなで写真を撮ったりしていましたが、私は一人きりでした。しかも、当日はバナナ姫の衣装で来るように言われていたので、真っ黄色の衣装で登場しておきながら、逃げるように帰りました」

苦しい状況にあったが、仕事で手を抜くことはなかった。

「イベントに出ているときはテンションを上げて、市民の方や子どもたちに喜んでもらえるように頑張りました。喜んでもらえると嬉しいので、私のモチベーションも高まるんです。好意的なお手紙も多く、いつも本当に励まされていました」

市民からの応援や感謝の言葉が井上の気持ちを支えた。しかし、バナナ姫の活動にいつしか限界を感じるようになっていった。

「『このままいったら私はどうなるのかな』『どこかで終わらないといけないんだろうな』

と考えていました。北九州市は3年での異動が多いんです。当時の私は、すでに観光課に2年半在籍。異動すれば引退となり、今後バナナ姫を演じることはないと思っていました。そもそも、年齢も年齢でしたからね（笑）」

子育てが終わったときに、何も残らない人生にはしたくない

2018年4月に観光課から異動した井上は、バナナ姫を引退した。引退の公表は、観光課のイベントのプレスリリースでおまけ程度に2〜3行で併記するのみ。これまでの盛り上がりを考えると、あまりにも淡白で一方的な知らせに記者たちは戸惑った。「たまたま翌日が市長の記者会見だったことから、『翌日の市長会見に並んでくれ』と広報から言われました」

果たして、「たまたま」でヒラの職員が市長会見に出るものだろうか。通常では考えられない展開が、バナナ姫の影響力の大きさを物語っていた。

市長と同席して進められた引退会見は、記者にとって釈然としないものだった。せっかく市民権を得たバナナ姫の後任や、次の展開も決まっていない中での引退発表だったから

だ。

この会見を機に、井上はある事実を公表した。

「記者の方から『結婚か出産で引退されるんですか？』と聞かれたので、3児のママであることをカミングアウトしました。引退について子どもは何と言っていたかとか、そういう質問もありました。実際の記事でも子どもに関するネタが多く、『バナナ姫ルナ、実は3児のママだった』みたいな感じで書かれました（笑）」

記事が拡散されると、メディアの報道はさらに過熱していった。

「子どもがママのことをどう思っているのかを取材させてほしい、と言われました。夕食の風景や、バナナ姫として最後のイベントに出かける私を、子どもが見送る様子なども撮られました（笑）」

等身大の自分をさらけ出していく中で、心に秘めた葛藤も解消に向かった。

「キャラクターのイメージを壊してはいけないと思って、ママであることを隠していたんです。それを話すことができて、気持ち的にすごくラクになりましたね。それまでは、『若い独身の女性がチャラチャラやっている』と思われることも多くありました。『私、ママなのにな』って、だんだん苦しくなっていたんです（笑）。」

井上は3児の母を務めながら、今も役所で働いている。

「子どもと関わる時間は多いとは言えません。ただ、**子育てが終わったときに、自分に何も残らないような人生にはしたくないんです。**子どもを置いてまでして行う仕事だからこそ、価値のあるものにしたいですよね」

バナナ姫の復活――ＹＡＨＯＯ！のトップページに掲載

井上は２０１８年3月にバナナ姫の活動を引退した。ところが、周囲からの復活への期待は日増しに高まるばかり。その声に背中を押され、引退から半年後に井上は活動を再開した。ただし、業務ではない。個人のボランティア活動として、再び衣装に袖を通すこととなった。

「バナナ姫を残したかったんです。引退してから、２代目が現れてくれることを期待していましたが、実際にはそうなりませんでした。物事には旬があります。**『いなくなって残念だな』と感じてもらっているときに復活しないと、忘れられてしまいますよね**」

個人の活動とはいえ、バナナ姫ルナとして活動するには、関係各所との調整が必要だ。

「まず、イラストの作者にお話しました。また、北九州市の取組みとして始めたものなので、市の観光課、そして、キャラクターの権利を持つ門司区役所にも相談しました」

満を持して迎えた復活イベントでは、新聞4社、民放2社から取材を受け、ＹＡＨＯＯ！のトップページにも記事が掲載された。復帰早々に北九州市のＰＲに貢献、井上はバナナ姫に眠るブランド価値を証明した。

税金を使わず活動――支援金額は50万円超

個人として活動を進めるためには、相応の費用が必要となる。井上はどのように工面したのだろうか。

「活動資金はクラウドファンディングで支援を呼びかけました。市民などの支援者から直接お金を募るため、賛同がなければ成り立ちません。逆に言うと、**私一人の思いではなく、みんなの思いでつくり上げる**ものになります」

衣装のリニューアルを目的としたクラウドファンディングでは、なんと50万円を超える支援金が集まった。

「役所の外に出て行く若手職員が増えたらいいですよね。だから、バナナ姫はシンデレラストーリーでありたかったんです。**無理して一歩を踏み出して、何かに挑戦する職員が、希望の持てるストーリーをつくりたかった。**公務員が個として表に出るのは、やはり勇気がいることです。だから、私は次の世代の希望になるような仕事をしていきたいと思っています」

その姿に強い使命感がにじむ。それを告げると、井上は次のように応じた。

「使命感を持って、好きなことをやっているのだと思います」

バナナ姫は公務員だから応援してもらえた

出産後も仕事を続けたいという思いから、井上は18歳のときに北九州市に入庁。市民課に配属され、７年に渡って住民登録や戸籍などに関する窓口業務を担った。３人の子宝に恵まれたのは、同課在籍時代だ。

その後の異動先は福祉事務所。生活保護の家庭を回るケースワーカーを務め、３年間で約２００世帯を担当した。

「ケースワーカーとして関わる方の人生模様って、すごく深いんですね。もちろん簡単に解決できるものではなかったりするんですが、そういう世界を見ていろんな生き方を学びました」

当然ながらバナナ姫とケースワーカーの仕事は大きく異なる。公務員として積んださまざまな経験の先に、バナナ姫へとつながる観光課に異動した。

井上は公務員の強みを冷静かつ客観的に分析する。

「バナナ姫という仕事は、公務員のイメージに対する意外性から話題になり、応援してもらうことができました。もちろん、企業に勤めてコスプレをしても、反響があれば社内の評価は得られるかもしれません。でも、市民から応援されることはなかったと思います。**バナナ姫は公的な面を持つ公務員だから、市民に応援してもらえました。**そういう仕事はあまりないと思います」

2019年3月より、井上は「小倉城姫」という新たなコスプレ活動を開始した。北九州市を盛り上げるこの活動もまた、ボランティアだ。井上はコスプレという個人の強みを活かして地域貢献を重ねている。しかし、ここで忘れてはならないのは、その活動の第一歩は、公務員として踏み出し、切り拓いていったという事実だ。

一見仕事に結びつかないコスプレという個性が、圧倒的なムーブメントを生み出した。だとすると、全国の公務員が有するすべての個性にも、まだ見ぬ可能性が眠っているのではないだろうか。

井上純子に学ぶ

役所でやりたいことを実現するヒント

公務員というイメージを利用する

良くも悪くも公務員にはイメージがつきまとう。そのため、多くの公務員はそのイメージから抜け出すことに不安を感じ、あえて出ようとしない。一方で、井上は公務員のイメージを利用してギャップを生み、活動効果を最大化した。

メディアのニーズを突き詰める

メディアに露出することで箔がつき、施策や政策が大きな成果につながる事例は数多くある。自治体は、大手メディアが積極的に取材対象とする恵まれた組織である。メディアを利用しないのは、その強みを無駄にしているに等しい。

個性を仕事に活かす

最近では、元お笑い芸人などが、公務員としてその力を発揮する事例も増えている。イノベーションはまったく新しい何かではなく、新たな組み合わせによって生まれる。一見仕事に結びつかないようなあなたの個性が、役所を変えるかもしれない。

第2章

どんな仕事も改善できる

#03 公務員 × 徴収

目の前の仕事に誇りを、目の前の仕事に全力を

岡元譲史（寝屋川市）

おかもと・じょうじ

1983年生まれ。寝屋川市経営企画部都市プロモーション課係長。入庁後、12年間にわたり税金や保育料などの滞納金を徴収する滞納整理業務に従事。滞納債権整理回収室において、2007年から2016年の実績比較で、市全体の差押件数を約3.4倍増加、約35.8億円の市税滞納繰越額を約12.6億円にまで圧縮させることに貢献。培ったノウハウをもとに、おおさか市町村職員研修研究センター（マッセOSAKA）の研究事業として「徴収事務マニュアル」を作成。また、自主研究会「迷子不動産活用プロジェクトチーム」を立ち上げ、所有者不明土地・建物問題を研究。一般社団法人日本ほめる達人協会が提唱する「ほめる」の定義（＝人、モノ、起きる出来事に価値を発見して伝えること）に共鳴し、同協会の認定講師資格を取得。滞納整理業務の価値を全国の徴収職員に伝える。

「お前、夜道に気をつけろよ」「お前にも大事な家族がおるやろ」「顔と名前、覚えているからな」「俺は全部失ったから、怖いものはないからな」――。

自治体において、ときにこんな言葉をかけられることもあるのが、地方税徴収、滞納整理の仕事だ。控えめに言っても、決して人気のある部署ではない。その厳しい職場環境にあって、若くして大きな成果を上げたのが、寝屋川市の岡元譲史だ。

滞納繰越額を20億円以上圧縮――職員の意識も変化

岡元が地方税の滞納整理担当となったのは、入庁6年目の２０１１年。寝屋川市が２００９年に「滞納債権整理回収室」を新設してから2年後のことだった。滞納繰越額の健全な状態は、現年度課税額の１％以内だといわれる。当時の寝屋川市は10％を超える危機的状況だった。

「２００７年の時点で現年度課税額約３００億円に対して、約36億円の滞納繰越額がありました。それが、２０１６年度で12・６億円、２０１９年度の決算では10億円を下回るのではないか、という水準にまで改善されています」

岡元が異動後に取り組んだのは、差押えの判断を早めることだった。従来は、差押え実施前に催告書を複数回、段階に応じて送付していた。その運用を改め、催告書に記載された納付期限までに対応しない者については、速やかに差押えを行った。

また、捜索や不動産公売など、難易度が高く、より専門的な法知識が必要となる業務にも積極的に取り組んだ。

「玄関や窓の鍵を強制的に開けて、家の中を捜索することもありました。また、分割納付で5千円ずつ払っていたような人でも、相当の給与があるなら差し押えて強制徴収するようになりました。そういう厳しい処分を続けるうちに『寝屋川は滞納に厳しくなった』という噂が広まり、自ら納付する方も増えていったと思います」

地道な取組みの積み重ねは、職員側にも大きな変化をもたらした。

「役所内でも『滞納が放置されれば、厳しい処分は当たり前』という意識が生まれるようになりました」

税金で食っているからこそ、市民全体のために仕事をする

こうした滞納整理業務の知識を習得することは、決して容易ではない。元東京都職員で、滞納整理に関する多数の著書を持つ、不動産鑑定士の杉之内孝司氏は、その困難さをこう

語っている（平成25年9月、おおさか市町村職員研修研究センター　ミニ講座「滞納整理の現状と課題について」基調講演より）。

「徴収業務で通用するためには、地方税法や国税徴収法など、相当勉強しなければなりません。その要求される勉強の度合いは、他部門より量的にも質的にもはるかに大変です。（中略）徴収部門が行きたくない部署とされる原因かもしれません」

岡元は、そんな苦労を厭わなかった。法律の知識にとどまらず、お金に関する知識も必要だと考え、ファイナンシャルプランナー3級の資格も取得した。

厳しい対応を滞納者に課すと、「税金で食ってるくせに！」などと反発を受けることも少なくない。しかし、岡元はひるむことなく仕事に邁進した。

「実際、僕は税金で食ってるんです。でも、税金で食っているからこそ、一生懸命、市民全体のために仕事せなあかんと思っています」

もちろん、岡元にも葛藤がある。好きこのんで厳しい対応をしたわけではない。

「差押えや捜索は、本人の意思とは関係なく無理やり徴収するということです。いくら、**『納付している大多数の市民のために』という大義名分や綺麗事を言っても、どう**

したって滞納者を苦しめながらやってきているわけです。それなのに他の滞納者に緩慢な対応をしてしまったら、今まで辛い思いをさせてきた人たちに申し訳が立たないですよね」

厳しい処分を行うことによって、「ここまでやっても取れない」ということが明確になる。だからこそ、法律に基づき不納欠損（徴収を諦め、損金処理をすること）を行う妥当性が生まれるのである。

払わない人が得するなんて不公平——お願い徴収からの変革

岡元が滞納債権整理回収室で成果を上げることができた大きな理由に、入庁後に配属された部署での経験がある。２００６年に新卒で入庁した岡元は、２０１０年までの5年間、保健福祉部こども室で、保育所保育料の徴収担当を務めた。このとき、岡元は滞納者に初めて向き合うこととなる。

「恒常的に保育料を滞納している人がいることを知りました。僕も子どもを保育園に預けていましたし、大半の人はちゃんと払っている。払わない人が得するなんて、『**こんな不公平なことないやん！**』と、**強く思ったのがスタートです。**真面目に頑張っている人がバカを見る、そんな世の中にはしたくないと思ったんです」

当時、保育料滞納を原因とした差押えは全国でもほとんど行われていなかった。「皆さん払っているんでお願いしますよ」という、まさに「お願い徴収」が一般的だった時代だ。そんなときに、「法律を勉強して、法律に基づいた厳しい処分をやってくれ」と課長に請われ、保育料の徴収業務を専任で担うこととなった。

しかし、初めての徴収業務は一筋縄ではいかなかった。

「苦しいから払わへんのや！」「そんなん言うんやったら、お前が取りに来い！」「お前ら公務員みたいなラクな仕事じゃないんや！」と、高圧的な言葉を浴びせられることもあった。不満を募らせた滞納者と窓口でもめ、上司に仲裁されたこともある。

それでも、継続は力なり。法知識を学び、差押えなどの厳しい対応を地道に行うことで、徴収率は大幅に改善。２００５年度に95・３％だった保育料の徴収率は、岡元の在籍した最後の年、２０１０年度には97・８％、２０１７年度には98・８％に達した。

同僚と良好な関係を築き、周囲のサポートを得る

役所の中で仕事を頑張ると、上司や同僚の一部から叩かれることも少なくない。だが、岡元は入庁以来、各部署で協調性を発揮し、良好な関係を築いてきた。

「保育担当のときも、**普段からコミュニケーションを大切**にしていました。僕の母親ぐらいの年齢の女性が多くいらしたこともあって、自分が子育てで悩んでいることなど、プライベートな話も聞いてくださいました。本当に息子に接するみたいな感じで可愛がってもらいました」

そんな岡元を上司も強力にサポートした。

「催告書を一斉送付したりすると、電話が何本もかかってきて、他の人にも対応していただく必要が出てしまいます。そういうときに『部署としてはこういう方針で動くから、岡元くんに協力してあげてください』『岡元くんは厳しい処分を一手に担ってくれるから、周りもサポートしてあげてください』と、課長が協力を促してくださいました」

上司にとって、良好な人間関係を構築している職員はサポートがしやすい。逆に、協調性の低い部下のために、積極的な協力を呼びかけることには二の足を踏む。それによって、

「えこひいき」などと言われ、余計な反発を受けることになりかねないからである。

気迫を込めてマニュアルを作成――他自治体にノウハウを共有

２０１１年度から２０１２年度、岡元はおおさか市町村職員研修研究センターが立ち上げた「徴収力強化研究会」に参加する。研究会の目的は、徴収職員向けの「徴収事務マニュアル」をつくり、滞納整理のノウハウを広く伝えることだ。

マニュアルのコンセプトは３つあった。

１つめは、理解しやすい「**身近に頼れる先輩のようなマニュアル**」であること。自治体は３月末に年度を区切るが、５月末までに徴収できたものは、前年度の徴収分として会計処理をすることができる。つまり、前年度の未納とはならない。

そのため、徴収部署では４・５月が追い込み時期となるが、４月は異動時期でもある。新人の指導に十分な時間が割けない先輩・上司のかわりに、マニュアルが大きな力となる。

２つめは、「**国民健康保険料や介護保険料など、税以外の徴収担当者にも参考となるマニュアル**」であること。これまでにも税のマニュアルや、実務解説書は複数あったが、岡元もかつて担当した保育料を含め、税以外の債権に関する実用的な徴収マニュアルは、ほとんど存在しなかった。

「市税の徴収は職場内で先輩に相談したりできるんです。でも、**保育料の徴収などは担当が一人だけという場合も多くて、先輩から教えてもらうことがない**んですよ。そういう人たちに向けてつくりました」

3つめは、**「研修でも使えるマニュアル」**であること。研修教材、OJTの教本として活用できることを意識した。実際にできあがった「徴収事務マニュアル」は、その実用性の高さから、配布を希望する自治体が続出。徴収職員の教本として、広く活用されている。

徴収力強化研究会において、ともにこのマニュアルを作成した松原市の原田和昌は、岡元と関わった2年間をこう振り返る。

「徴収現場でのあるある話や悩み、ときには愚痴なんかも含めて、とにかく熱く語り合いました。岡元さんについて特に印象に残っているのは、マニュアルにかける強烈な思いです。妥協を許さず、徴収担当職員に寄り添うという気迫を感じました」

本業で成果を上げ、異なる課題に手をつける

岡元の功績は、滞納整理業務の成果だけではない。本来業務で成果を出しながら、合間を縫って自発的に進めたのが、所有者不明不動産への取組みだ。

「２０４０年には、所有者不明土地の総面積が北海道くらいになると言われています。この問題について、市役所の中で密接に関わる業務の１つが固定資産税の賦課・徴収なんです。

所有者不明不動産にはいくつかのケースがあります。たとえば、代表者が死亡して会社の実態がない法人が所有する場合や、相続が幾重にも重なることで、相続人が容易に特定できない場合などです」

不動産は存在するが、そこに納税義務者の姿はない。こうなると、納税通知書の送達先もなく、督促状も送付できない。担当の固定資産税課は手をこまねいていた。

「所有者が不明の状態だと、まともに課税できないんです。それを、徴収担当の立場から解決できないかとずっと考えていて、２０１１年度から本来業務とは別に、少しずつ対応することにしました」

所有者不明不動産の問題を解決するには、多大な費用・時間・労力を要する。地方自治法第2条における「最少の経費で最大の効果を」という理念に照らせば、案件への着手には躊躇が生じる。ところが、岡元には別の考えがあった。

「確かに純粋な回収金額だけを見れば、費用対効果は悪いかもしれません。しかし、所有者不明のまま放置された場合、その土地は事実上、使用不可となります。極端に言えば、『国土が喪失する』ということです。そうなってしまった場合、大きな調査費用や人件費もかかります。むしろ、**案件を後回しにせず、速やかに対応することが、長期的に見て最も費用対効果が高い**と考えたのです」

強い意志は、具体的な行動に直結する。

「まず所有者の相続人を調査・特定するように動きました。次に、特定した相続人に対して、不動産を相続するのか放棄するのか選択を迫ります。もし、滞納固定資産税を支払わない場合は、差し押さえて公売にかける。最後に売却代金から税金を回収して、残金を相続人に振り分けるのです」

このスキームは権限上、固定資産税担当者に行うことはできない。国税徴収法に基づき、差押え・公売のできる徴収職員だから可能となる。

「売却が前提のスキームなので、不動産がある程度流通する地域でないと難しい面はあります。また、**資産としては小さい額の場合もあるでしょう。ただ、その土地が流通したり、開発されたりすることの価値は大きい**と思います」

2017年、岡元はこの経験を活かし、所有者不明不動産に関する自主研究会「迷子不動産活用プロジェクトチーム」を立ち上げた。

「専門家を招いてフォーラムを開催したり、過去の取組みや他自治体の先進事例をまとめて報告書をつくりました。報告書は、**この問題に取り組む全国の同志にも『使える』『役に立つ』内容にすることを心がけました。**そのため、実際の起案文書や様式、参考資料などを添付しています」

徴収事務マニュアルを作成したときと同様に、岡元は自らの経験や成果をかみ砕いて共有した。誰も手をつけたがらなかった領域を体系化し、報告書はウェブ上にも公開した。

「お前の顔に火つけたるわ」——恐怖に心折れないために

「お前、夜道に気をつけろよ」「お前にも大事な家族がおるやろ」「顔と名前、覚えているからな」「俺は全部失ったから、怖いものはないからな」――。

さて、冒頭で紹介した脅しめいた言葉は、実際に岡元が滞納者から投げかけられたものだ。徴収業務は、常に危険と隣り合わせにある。

実際に、トラブルは度々発生する。2013年には、宝塚市役所の市税収納課で、ガソリン入りの火炎瓶が投げつけられる事件が起きた。職員2名が軽傷を負い、市民までをも巻き込んだこの惨事は、宝塚市に預金を差し押さえられた滞納者によるものだった。

その事件の直後、岡元に一本の電話があった。岡元が担当する滞納者からだ。すると、耳を疑うような言葉が電話口から聞こえてきた、「俺やったら、お前の顔に火つけたるわ」。突然の犯行予告だった。大事には至らず、この人物は後に逮捕される。しかしながら、これらの出来事から、徴収職員にのしかかる精神的負荷が大きいことは明らかである。

徴収業務を担当したばかりの岡元も、やはり、不安と戸惑いを強く感じていた。

「恥ずかしながら、僕も1年目、2年目はけっこう泣いていましたよ、本当に」

心の支えの1つが読書だった。

「パナソニック創業者である松下幸之助さんの本もよく読んでいました。『順境よし、逆境またよし』みたいな箇所を見つけると、**『なるほど、逆境よしや！　この逆境が自分を鍛えているんや！』**というふうに、自分に言い聞かせていたんです。講演録も毎日のように聴いていましたね」

読書を通じて、「ほめる達人」という、人やモノの価値を積極的に見出す活動にも出会った。２０１３年から仕事の中でも実践し、疎まれがちな滞納整理という仕事に、価値を見出すことができるようになった。

岡元には全国から研修依頼が寄せられる。その主なテーマは「滞納整理の価値と戦略」だ。現役の徴収職員に対して、滞納整理のノウハウだけでなく、その価値をも説いている。

「自分に辛い経験があったからこそ、この仕事の価値を伝えていきたいですね」

岡元は現在も「ほめる達人」の活動を続け、２０１８年には「優秀認定講師」として表彰された。

心の支えとなるものは他にもあった。それは、全国でともに学ぶ仲間の存在だ。

「『ＬＧ－Ｎｅｔ』という自主勉強会グループに10年近く参加しています。普段はインターネット上で情報共有をしながら、年に１回大規模な研修会を開催して、交流を深めています。心を支えてくれる存在が、複数あることが大切ですよね」

さまざまなコミュニティに関わることで、知識だけではなく、精神的な安定も手に入れることができた。

徴収職員は悪魔ではない――徴収の仕事に誇りを

岡元はある種、達観しながら、徴収の仕事をこう振り返る。

「徴収職員は、滞納者が大事にしているお金であっても、心を鬼にして取り立てないといけない場合があります。たとえば、子どものための学資保険であっても、差し押さえて強制解約し、滞納金に充てていました。恨まれて当然だと思います。**『あなたは、子どもの未来を潰しました』と言われることもありました**」

確かに、滞納者から見れば、徴収職員は敵視せざるを得ない存在だ。多くの徴収職員もそれは覚悟できている。一方で、岡元が何より心を痛めるのは、頑張る徴収職員に対する役所内の目だ。

「法律に基づいて役割を果たそうと一生懸命にやっていたつもりなのですが、**僕も一部**

の同僚から『悪魔』と呼ばれていた時期がありました。もちろん、権力を笠に着て、高圧的な態度を取るような職員は論外です。でも、徴収の仕事に真摯に向き合い、役割を果たそうと頑張る人たちは、しっかりと評価されるべきだと思います」

２０１８年４月に、岡元は滞納債権整理回収室から異動した。しかし、今も日々奮闘する全国の徴収職員にエールを送り続ける。

「徴収職員が感謝されることは、ほとんどありません。窓口や電話で怒鳴られるなど、怖い思いをすることもあります。それでも僕はこの仕事に携わることができて良かったと心から思っていますし、徴収の仕事に誇りを持っています」

どんな仕事にも価値がある。そして、どんな仕事も改善できるのだ。

岡元譲史に学ぶ

役所でやりたいことを実現するヒント

強烈な課題意識が行動力の源泉となる

好んで市民と敵対したい職員はいない。徴収でも所有者不明不動産でも、強烈な課題意識が岡元の原動力となった。課題意識を持ち、自発的に行動する姿は、お役所仕事の対極にある。

モチベーションをマネジメントする

新たなチャレンジが想定通りに進むことはない。困難な状況でも、行動を継続できるかどうかはモチベーションに依存する。岡元の場合は「読書」「仲間」などが自らの挑戦を支えた。

周囲と協調し、信頼を得る

たとえ成果を出したとしても、組織内でいざこざを起こす人間に仕事は任せにくい。組織に所属する限り、周囲との円滑なコミュニケーションが求められる。

COLUMN 1

世界は変わっている。公務員も変わらなければならない

倉田哲郎（箕面市長）

行政は社会の映し鏡だ。社会で起こるすべての事象（課題）について、行政内では必ず誰かがそれを担当し、コトが起これば対応を求められる。

そして、世界は時代とともに変化している。そこで暮らすたくさんの人々を支え、生活圏域を日々改善していくのが公務員のミッションである以上、**世界の変化に遅れることなく、公務員も変わっていかなければならない。**

公務員の皆さんには、あなたの就いた役職が、この世界で唯一無二の役職であることを常に忘れないでほしい。同じ地域、同じ対象、同じ分野を、同じ職責で任せられている人は、世界中どこを探しても、あなたのほかには誰もいない。

あなただけに任されたその世界で暮らす人々を、支え、笑顔にしていけるか否かは、あなた次第だ。折に触れ、**公務員を志望した初心を振り返り、変化を恐れずチャレンジし続けてほしい。**

そして、すべての行政組織が、そのチャレンジに十分応えられる組織となっていくように、私も頑張りたい。

#04

公務員 × 児童虐待

学びと実践の先に、突破口は必ずある

鈴木浩之（神奈川県）

すずき・ひろゆき

1960年生まれ。元神奈川県中央児童相談所虐待対策支援課長。法務省矯正局瀬戸少年院法務教官を経て、1985年、神奈川県に福祉職として入庁し、主に児童福祉司として児童相談所に勤務。児童虐待対応における先駆的手法である「サインズ・オブ・セーフティ」の導入を進め、現場での実践と研究、普及活動を行う。また、虐待に至った保護者に直接インタビューをし、支援のヒントを得るべく論文をまとめ、日本社会福祉学会で奨励賞を受賞。2019年4月より立正大学社会福祉学部社会福祉学科で准教授を務める。主な著書に、『ファミリーグループ・カンファレンス入門』『子ども虐待対応におけるサインズ・オブ・セーフティ・アプローチ実践ガイド』（ともに共編著、明石書店）がある。臨床心理士、社会福祉士。

行政にはさまざまな領域の業務が存在する。中でもセーフティネットとして市民を救い、大きな役割を果たしているのが福祉職だ。

福祉職の中でも、近年、児童虐待の環境変化はめまぐるしく、大きな注目を集めるようになった。児童虐待への対応は行政サービスの中でも異質な面がある。家族への介入によって強い対立が生まれたり、関わることを拒否されることも珍しくない。そのため、多くの現場職員は強いストレスにさらされ、悩みや葛藤を抱えながら職務を全うしている。

過酷な環境下にもかかわらず、業務品質の向上をめざし、先駆的な対応手法を導入したのが鈴木浩之だ。すべての業務領域における改善の希望となるであろう、鈴木の取組みを追ってみたい。

根本的な課題を捉え、本質的な解決策を問い続ける

鈴木のキャリアは国家公務員として始まった。１９８３年に新卒で入省した法務省時代の経験が、後に児童虐待の対応へと没頭するきっかけとなった。

「少年院の教官を２年間務め、そのときにいろんな子どもたちと出会って児童に関心を持ちました。当時、虐待はあまり問題にされていませんでしたが、今考えれば虐待を受け

たことが、非行という行動に表れていたのだと思います」

児童相談所の仕事に就いたのは、35歳のときだった。

「妻が千葉県の教員をやっていましたが、私は国の職員だったので全国転勤もありました。ですので、もし、どちらかが辞めるとなると、私かなと思っていたんです。そんなときにちょうど神奈川県の福祉職の試験を見つけて、25歳のときから働くことになりました。県では身体障がいを持つ方のケアワーカーを4年、児童養護施設で6年仕事をして、以降、35歳くらいから20年以上児童相談所で働きました」

鈴木は児童相談所のキャリアの最後に、虐待対策支援課長を務めた。この虐待対策支援課は神奈川県特有のものだという。

「虐待対策支援課は、現場で直接的に虐待対応をするわけではありません。主に神奈川県所管の5つの児童相談所をさまざまな専門機能でバックアップする役割を果たしています。たとえば、虐待を受けた子どもや虐待をしてしまった親に対して、医学的なセカンドオピニオンを提供する。子どものけがについて法医学者に説明を依頼する。親の精神医学的なアセスメントを行える体制を支援することもあります」

これだけではない。職員への研修や児童虐待の現場の調査研究、里親業務の統括など広範囲の仕事を担う。

「新しい手法を企画・実践することも役割の１つで、性的虐待等を受けた子どもに対して司法面接を導入する試みも行いました。事件化してしまったケースでは、虐待を受けた子どもが、何度も面接調査を受けるため、大きな精神的な負担がありました。なるべく子どもに負担をかけない面接法の導入は、現在の三機関協同面接につながっています」

児童虐待は、平成の時代とともにその数が急増した。１９９０（平成２）年度に全国で約１１００件だった対応件数は、２０１７（平成29）年度には約13万件超を数えた。約30年で、実に１００倍以上に膨らんだ。

その大きな要因は、市民の虐待に対する意識の変化だ。１９９０年に子どもの権利条約が批准され、２０００年には児童虐待の防止等に関する法律が制定された。かつては問題視されていなかったことが、時代の流れの中で子どもの人権侵害だと捉えられるようになった。

「２００５年からものすごい勢いで虐待の通告件数が増えてきました。昨今では、子どもが夫婦間暴力を見ることが心理的虐待とされ、件数の半分以上を占めています。

一方、時代とともに児童相談所の対応にも変化があります。**従来よりも保護者に対し**

て毅然と対応し、積極的に一時保護を行うことが求められるようになりました。子どもが極めて危険な状況では、令状を取って立ち入る「臨検捜索」にも対応できるよう、現場担当者向けの実践的な研修も行っています」

近年、子どもや親の意志に反してでも、強制的に保護する事例が増えている。また、児童相談所が警察や司法と連携し、厳格な対応を進める必要性もうたわれるようになった。もちろん、保護をしなければ、子どもの命を守れないケースもある。しかし、一時保護によって根本的な問題が解決するわけではない。この狭間で鈴木は常に葛藤していた。

「一時保護をしただけで、子どもが夢や希望を持って生きていけるわけではありません。**子どもは親と離れたいわけではなくて、虐待のない世界で生きたいだけ**ですよね。危機介入や一時保護だけではそれを実現できないのではないか。そう感じて、いつもモヤモヤしていました」

家族に寄り添うことを可能とする、海外手法の導入

こうした苦悩の中で出会ったのが、オーストラリアで開発された「サインズ・オブ・セー

フティ」と呼ばれる対応手法だ。

「サインズ・オブ・セーフティを端的に言えば、本来、**悩むべき家族が『悩める』ように支援する**ことです」

家族が悩むということは、家族が主体者として虐待と向き合うことを意味する。

「私たちは虐待を起こさせないために、保護者を強い権限で指導していく歴史を辿りました。今もまだそういう傾向はあると思います。

だけど、**本当に子どもの安全を守ることができるのは、家族しかいない**と思っているんです。我々がどんな指導をしたところで、家族が子どものことを自分事として考えなければ、状況は何も改善していかないと思ったんです」

もちろん、子どもの命のために、厳格な対応が求められるケースも存在する。鈴木はそれを認識したうえで、家族が主体となる必要性を訴える。

「児童相談所は常に悩みながら仕事をしています。しかし、本来、児童相談所よりも家族が悩む必要があると思うんです。家族が悩む機会を奪うことは、家族をエンパワーするどころか逆にディスパワーしてしまうことにもなります。そんな葛藤の解決策が、サインズ・オブ・セーフティでした」

親が虐待を繰り返さないように「指導」するのではない。サインズ・オブ・セーフティは異なる角度からアプローチを行う。

「サインズ・オブ・セーフティを和訳したら『安全のサイン』ですよね。**家族が持っている安全を守る力を**引き出し、**可視化することで、子どもにとって安全な環境をつくるという考え方がある**んです。

まず、『虐待が続くと、子どもの未来にどのような危険が待っているのか』を家族と共有します。その前提があるから、『子どもの安全な未来』という目標を家族と設定できるんです。そこに一緒に向かって行くことで、児童相談所の職員が子どもの安全づくりに役立とうとしている存在だと伝わります」

児童相談所は家族に寄り添い、支援する役割を担う。

「**虐待をしてしまう保護者は、大きな不安を抱えている**んです。子育てで行き詰まったときに、暴力によって子どもをコントロールしようとしてしまう。一時的に子どもは言うことを聞くかもしれませんが、だんだん、叩いても抑えきれなくなってくるんです。そうなると、今度はもっと過激な暴力が振るわれる。その悪循環に陥らないように同じゴールをめざす必要があるんです」

取組みの成果を可視化し、分析を繰り返す

「以前は、子どもが安全な状態であるという基準は、明確ではありませんでした。しかし、サインズ・オブ・セーフティでは安全の基準を定義することで、**その基準を満たすことができれば、子どもが家庭の中で安全に暮らすことができる**んです。これも、児童相談所が家族と同じ方向をめざすことのできる一因です。

安全の基準にはいくつかの定義がありますが、子どもを守る仕組みとして、家族以外の力を借りることも多くあります。親族や友人・知人が虐待を防げるように仕組みづくりをしておくのです」

具体的な対策のイメージを聞いた。

「他人に助けを求めるのは気がひけますよね。そこで、たとえば、子ども用に携帯電話を買ってもらって安全を守れる人を登録し、危険が迫ったときに発信できるようにします。あらかじめ保護者がセーフティ・パーソンとなってもらえる人を何とか探し出して、いざというときに電話ができる相手を確保します。さらに、誰かが駆けつけてくれるまでに、逃げられる場所を確保する計画も必要かもしれません。家に安全なスペースをつくっても

いいし、近所の家に入れてもらうのでもいい。セーフティ・パーソンという新たな人物を加えて、危険を回避する具体的な仕組みを、家族自身がつくり上げることがポイントです」

誰かが定期的に家庭訪問をして、安全を確認するケースもあるという。それぞれの家族の状況に合わせて、虐待の起こらない環境を構築していく。

「**保護者の変化によるものだけで、虐待の発生を防ぐのではありません。**もちろん、保護者が変わることは重要ですが、それに頼り切ると、子どもにリスクが生じます。アルコール中毒のお父さんがお酒を飲んで帰ってきたとしても、虐待に巻き込まれない環境構築こそが、安全の仕組みと呼べるのです」

可能性を感じて始めたサインズ・オブ・セーフティ。その成果は数値として表れた。

「鎌倉三浦地域児童相談所に配属されていたときに、組織全体でサインズ・オブ・セーフティに取り組み、約4年間の統計を取ったことがあります。その結果、**一時保護の期間が平均1か月から約半分になりました。家族が必死になって安全づくりを進めたため、1日で子どもを帰したケースもあります**」

1日というのは驚きだ。リスクはないのだろうか。

「サインズ・オブ・セーフティでは保護した期間が重要なのではなく、安全が確保されているかどうかが大切なんです。安全な仕組みを構築したら、１日で帰してもらうこともできる。だからこそ、保護者が必死に向き合うようになるんです」

保護期間が短縮された要因が、すべてサインズ・オブ・セーフティによる成果とは断定できないと、鈴木は冷静に振り返る。しかし、その表情からは静かな自信がうかがえた。

鈴木の謙虚さと緻密さを象徴する言葉が続く。

「もともと、サインズ・オブ・セーフティの概念に近い仕事をしていた職員もいますし、課長であった私がリーダーシップを取って、一時保護の期間を減らす方針を取っていました。ですので、次のステージでは、もっと精度の高い純粋な統計情報が必要だと思っています」

新たな取組みを進めるには、過去を否定しない

組織の中で新しいことに取り組むと、周囲の抵抗はつきものだ。サインズ・オブ・セーフティの導入にあたって、反発はなかったのだろうか。

「もちろん、何かを始めようとすると、多くの場合、反発があると思います。ただ、**『良い実践をしたら、子どもや家族の役に立つ』というのは、いろんな立場を超えて**

共有できる方向性です。そして、本当に優れた実践者の動きには、すでにサインズ・オブ・セーフティの要素がありました」

鈴木は過去を否定しないことを心がけた。

「先輩の業務の中に含まれていたサインズ・オブ・セーフティの要素をまとめて、広めることもありました。**過去の歴史の中には、新しい取組みと共通の方向性が必ず存在します。それを見つけて強調することが大切なのです**」

最近では「改革」という表現を避け、「アップデート」といった表現が使われることも増えた。「改革」だと過去を否定するニュアンスが生じてしまうからだ。

忘れられない一言「お前が担当する子どもは不幸だ」

児童相談所で働き始めてから、鈴木は自らの活動を外部へと発信するようになった。自分たちだけで実践して終わりだと、ノウハウは周りへは広がらない。そこで鈴木は実践内容を理論やモデルケースに落とし込み、外部の職員でも使える形にかみ砕いていった。

「毎月、実践家や研究者と一緒に研修や勉強会を開催しました。また、現場に近い立場を活かして、虐待に至った保護者に直接インタビューをし、支援のヒントをまとめた論文を書きました」

論文の1つは、日本社会福祉学会の奨励賞を受賞した。忙しい日々の中、鈴木は土日や通勤時間を使って論文を執筆する。その努力の裏には、悔しさを抱える原体験があった。

「私が児童相談所に来たのは35歳の頃です。もともと福祉関係の仕事をしていたので、自分の中ではそれなりに福祉について学んできたつもりでした。でも、児童相談所では自分の知識がまったく役に立たなかったんです。そもそも、同僚が話している内容すら理解できませんでした」

先輩から厳しい言葉を投げかけられ、傷ついたこともあった。

「**『お前が担当する子どもは不幸だ』**と言われたときは、すごくショックでした。実際、『私じゃなかったら、もっとうまく話が進んだかな』と、腑に落ちる部分もあったんです。そういう体験をして**『こんなところで終わるのは悔しい』と思ったときに、私の選んだ道は勉強することだったん**です」

鈴木は自らの劣等感を埋めるために、心理学を学び始める。2年間、平日の夜と土曜日に学校へ通うことで、新たな視点も獲得した。

「最初は自分の存在意義を確認するために研究を始めたんです。でも、やがて、実務を担う中でも、研究が必要だと思うようになりました。本来、**現場と研究は一対のものなんです。お互いに行ったり来たりしないと、どちらも高まっていきません**」

新たな気づきによって、自らの役割を再評価することもできた。

「実務家は現場ですごく貴重な経験をしていますが、忙しさからあまり研究できていません。でも、**親御さんの言葉を代弁できるのは、現場にいる人だけ**です。特に**虐待対応のような変化のある分野は、現場のほうが先に進んでいきます**」

コンプレックスを力に変えて成功した者は少なくないが、鈴木もまた、その一人と言える。学びへの熱量は尽きることはなかった。

「臨床心理士の資格を39歳のときに取りました。ただ、私は心理の仕事をするためではなく、ソーシャルワークの中に心理学の要素を取り入れることで、良い仕事ができるようになると考えていました。**自分の存在価値みたいなものを資格に頼るのはちょっとせこいような気もしますが（笑）、それでも自分にしかできない仕事領域を感じられました**」

鈴木は自らの実践と研究が評価されるにつれて、ようやく自身のポジションを見出すことができた。しかし、当然のことながら、学びに終わりはないようだ。

「仕事をしているとまたどこかで行き詰まるんです。幾度となく壁みたいなものにぶつかって、そのたびにもっと勉強が必要だと感じる。その繰り返しです（笑）」

怒鳴られることも必要なプロセス

児童相談所の仕事は大きな責任を伴うだけに、心理的な負荷もまた大きい。だからこそ、鈴木には忸怩たる思いがある。

「私は児童相談所を人気がある職場にしたいと思っています。もちろん、児童相談所は厳しい職場です。**夜中や休みも関係なく、保護した子どもを、「返せ！　返せ！　返せ！」と怒鳴られる**ことだってあります。でも、安全が確保できていなければ、返すことはできません。そのままずっと怒鳴られ続けると思うと、若手にとっては耐えがたいものになります」

厳しい環境を乗り切るために、1つひとつのプロセスに意味づけが必要だと、鈴木は主張する。

「怒鳴られた先に、家族と一緒の世界が見えたりすることもあるんです。**怒鳴られていることも1つのプロセスだと考える。**『今この段階にいるんだな』って**俯瞰して見ることができれば、怒鳴られても頑張れる**じゃないですか」

児童福祉の現場では、今も多くの職員が日々奮闘している。2018年、そうした同僚、後輩たちにスキルを伝えるため、鈴木は研究者らと「サインズ・オブ・セーフティ+（プラス）ネットワーク」を立ち上げた。

「自分は何も役に立ってないと感じることもあると思いますが、決してそんなことはありません。**うまくいっていないと思っている実践の中にも、うまくいっていることが必ずあります。**家族とすったもんだしながらやっている中には、彼らにとって役に立っていることが必ずあるんです」

2019年3月、鈴木は神奈川県を退職し、翌4月から立正大学で教鞭をとる。新天地に行っても、児童相談所で働く仲間への想いは変わらない。

「児童相談所の仕事は本当に大変な仕事です。だからこそ、そこで働く職員は、世の中で大切な役割を果たせていると思います。これからも、児童相談所の仕事に魅力を感じて取り組む人が増える一助になれればと思います」

実務のあるところには、研究の余地が必ずある。そして、研究の余地があるところには改善の余地が必ずあるのだ。

鈴木浩之に学ぶ 役所でやりたいことを実現するヒント

✔ コンプレックスを力に変える

コンプレックスをバネに成功している起業家は数多く存在する。誰しも少なからずコンプレックスはある。それにどう向き合い、どう行動するかで、仕事の成果に大きな違いが生まれる。鈴木は学びに没頭することで道を拓いた。

✔ 過去の業務の中に先進的な要素を探す

「前例」には先進的な要素を持つ、優れた取組みも存在する。新たな取組みを進めようとするときは、適切な前例を示すことによって、組織内の理解を得ることが可能となる。

✔ 現場は知恵の宝庫である

公務員は実務の中で多くの知見やデータを取得できる立場にある。しかし、その一方でデータが徹底的に検証されたり、世に公開されることは少ない。鈴木はその実践経験や統計データをもとに研究・検証を重ね、論文などの形で多くの発信を行った。

第3章

冷静と情熱、緻密さと大胆さ

#05

公務員 × 公会計

ボトムアップで組織を動かす

山本享兵（和光市）

やまもと・きょうへい

1982年生まれ。和光市政策課企画調整担当統括主査。2005年、監査法人トーマツ（現有限責任監査法人トーマツ）入社。パブリックセクター部に所属し、主に地方自治体向けのコンサルティング業務に従事。公会計のほか、行政評価制度の見直し、総合計画の策定、公共施設マネジメント、ベンチャー政策など幅広い分野に携わる。2015年10月から、和光市の特定任期付職員（企画部財政課副主幹）として勤務。公会計改革を推進し、「予算仕訳」と呼ばれる新たな仕組みを導入。３年間の任期を満了後、同市の中途採用試験を受験。正規職員として採用され、2018年10月より現職。著書に『実践例にみる公会計』（第一法規）がある。

「役所は物事を変えやすい組織」とは、あまり聞き慣れない言葉だ。

前例踏襲という言葉が象徴するように、一般的に役所は物事を変えづらい組織だと認識されている。しかし、和光市に勤める山本享兵は「役所は物事を変えやすい組織」と断言する。実際、山本は多くの改善を短期間で実現した。そのプロセスを辿ってみると、組織の中でやりたいことを実現するヒントが隠されている。

自分が役所に転職して、先進事例をつくればいい

山本は大学卒業後に公認会計士試験を突破し、監査法人トーマツに入社。パブリックセクター部に所属して、官公庁関連の業務に就いた。約10年の経験の中で、公会計や行政評価制度、総合計画の策定、そして、公共施設マネジメントなどに従事した。

社会的にいえばまぎれもなくエリートの部類に入る。しかし、２０１４年の12月末、山本はその立場を捨て、役所に転職することを決断した。

その理由は極めて明快だった。

「トーマツ時代にコンサルタントとして、自治体の公会計制度の構築に関わっていました。ただ、当時の先進事例と呼ばれるものに疑問を感じていたんです。しかも、その先進事例が全国に広められようとしていました。**このままでは、日本の公会計はうまくいかない**と感じていたんです」

その思いが高じた結果、山本は大きくキャリアプランを書き換えた。

「やがて、**自分が自治体職員になって、先進事例をつくればいいんじゃないか、**と考えるようになりました」

一見突飛に見える決断だが、単なる思いつきではなかった。

「実は私が和光市でやろうとしていた公会計の仕組みは、コンサル時代からいくつかの自治体に提案をしていたんです」

しかし、山本の提案が実現されることはなかった。

「各自治体の担当者は、その手法を評価してくれました。でも、導入するには役所の規程や庁内の運用ルールなどを変えなければいけません。庁内調整が障壁となり、彼らは実現することができなかったんです」

その状況を打破するため、山本は大胆な行動に出る。

「日本一会計に対して理解のある、松本武洋市長が和光市役所にいらしたので、ダメもとでアプローチをしました。松本市長とはフェイスブックでつながっていただけの関係でしたが、思い切ってメッセージを送ってみたのです。この方とともに、公会計の先進的な取組みを実現していくことができればと思っていました」

松本市長はかつて在籍した東洋経済新報社で、会計関連の書籍編集を手がけた経験がある。また、市議時代、市長時代には自らが著者として、書籍を出版するほど会計に明るい。山本と同様に、当時の公会計の流れに違和感のあった松本市長にとって、山本からの連絡は渡りに船だった。

目的と手段を混同しない

２０１５年10月、山本は3年間の特定任期付職員として和光市に入庁した。当時32歳、与えられた肩書きは企画部財政課副主幹。期待されたのはもちろん、公会計制度の導入・構築だった。

その後、山本はわずか1年ほどで、「予算仕訳」という先進的な仕組みを和光市に導入した。予算仕訳とは、予算編成のタイミングに各所管課が、歳出を費用と資産に分ける作業を行うことをいう。

「これまでの先進事例は、決算時に一括して歳出を費用と資産に分け、財務諸表を作成するケースが多かったんです。もしくは、高額なシステムを導入して日常的に複式簿記を行う方法もありますが、その場合は数千万円単位の負担を強いることになります」

和光市が導入したシステムと比較すると、費用の桁が1つ違う。

「予算仕訳」のメリットは費用だけではなかった。山本は、公会計制度がめざすべき本来の目的も見据えていた。

「公会計制度を導入すると、**役所がどのような固定資産を持っているかを把握することが容易になります。**資産マネジメントに活かせる、固定資産台帳というデータを作成できるようになるからです。しかし、期末で一括して作業を行う場合、期末における財政課や会計課の負担が大きくなり、全庁で起こる事象を細かく把握できません。結果として、不正確な固定資産台帳がつくられるリスクが高まりますが、**不正確なデータに基づいて、実務がなされることはありません。それでは、何のために固定資産台帳をつくっているのか、わかりませんよね**」

山本の進めた「予算仕訳」では、期末に大きな業務負荷がかかることはない。当時、同様の取組みを進めていたのは、全国でも宇城市と砥部町だけだった。山本はこの２つの白治体から着想を得ながら、会計実務の知識を駆使して、さらなる高みをめざした。

先の事例を昇華させ、山本が実現した改善の１つに、公会計導入に際する実務負担の軽減がある。そもそも、コンサルタント時代の山本の提案が通らなかった理由は、公会計を導入するメリットに比べて、負担感が過大に評価されていたためだった。そのため、和光市では細部に渡って、負担を抑える仕組みづくりにこだわった。

「導入したソフトウェアは、職員が普段使っているパソコンでも利用できるものを選びました。また、会計知識がない職員でも、苦手意識を持たずに対応できるように工夫しています。たとえば、システムの中で使われる会計用語を、わかりやすい表記に変えることで、理解に困らないようにしたんです」

山本の進めた公会計制度の導入は大きな注目を得て、後にその取組みを書き下ろした一冊の本が生まれることとなった。

物事が変わるのは、人の気持ちが変わったときだけ

山本を一躍有名にしたのは先進的な手法による、公会計制度の構築だった。しかし、その業務と並行して、さまざまな改善が彼の手によって実現された。

「決裁や合議の件数を減らすことで、年間千件以上の決裁事務を削減しました。また、土地開発公社の事務局の見直しとして、実情にあわせて理事を10名から3名に減員しました」

当然、実現には大きな抵抗が予測される。決して簡単なことではない。

「実施計画査定と予算査定の二重事務の解消も実現しました。他にも、財政担当への問い合わせ履歴のデータベース化を行い、同じような質問に何度も回答する手間を減らすこともできました」

公会計制度の導入は顕在化された課題であったため、和光市には迅速な対応が求められていた。その一方で、先の改善は相対的に緊急度が高いものではない。それにもかかわらず、なぜ、短期間のうちに、多くの改善を実現できたのだろうか。その秘密は、山本の徹底した改善プロセスにあった。

改善に向けた山本の第一ステップは、違和感のある事柄をノートにまとめることだ。

「『和光市課題ノート』と名づけていますが、**大体300個ほどの課題を書きためています**」

次のステップでは、その課題を改善するうえで、周囲が納得できる根拠を集めていく。

「たとえば、近隣市に比べて和光市の決裁業務量が多いとなると、それは決裁権限にメスを入れるべき根拠となります。**各課題に対して、日々、少しずつ素材を集めていくんです**」

そして、最も大事なプロセスは、関係者の気持ちを緩やかに傾けていくことだという。

「**物事が変わるのは、人の気持ちが変わったときだけ**なんです。だからこそ、反発がないように少しずつ方向性を出して、機が熟したタイミングに、それまでに集めたあらゆる根拠を並べて、決裁を通しにいきます。**機が熟していないときには、変えるべき根拠が存在しても、それを口にすることはありません。**せいぜい、耳打ちしておく程度にとどめ、断定や強調はしないようにしています」

結論を急いで、反対の立場を取られてしまうと、決裁を通す難易度は急激に高まる。誰しも、一度下した判断を簡単にひるがえしたくはない。

ここで特筆すべきは、山本が他者の感情に注意を傾けていることだ。

「決裁業務を削減する場合、決裁権者は周囲からラクをしているように思われたり、自身が罪悪感にさいなまれることもあります。こういった場合は、その不安を解消するように努めました。公認会計士の立場から、**決裁フローが多すぎることによって、1つひとつの決裁の精度が落ちるリスク**を主張したんです」

配慮の対象は決裁者だけにとどまらない。

「それぞれの取組みには、やり始めた経緯があります。それを単に止めようとすることは、『あなたが始めたことは無駄でした』というメッセージとして受け取られることもあるわけです。だからこそ、**何かを変えるときには、誰も傷つかないロジックを組み立てられるかどうかも重要**だと思います」

役所の中で気軽に声をかけられる人を50人つくる

役所に入庁したばかりの山本が、多くの改善を実現できた理由は他にもある。その1つが同僚との積極的な関係構築だ。

「**入庁直後のKPIとして、和光市の約50人の職員と気軽に話せるようになることを自らに課していました。**それができれば、公会計制度の導入は成功すると考えていたからです」

２０１５年４月の和光市の職員数は４０３人。50人というのは約12・5％だ。山本は、市民活動に積極的に参加し、加えて、市のさまざまな部署が開催する、住民向けの説明会にも頻繁に顔を出した。

『公園整備』『地域防災計画』『国民健康保険の条例改正』などの話を聴くことで、気軽に話せる同僚も増え、同時に市の政策への理解が深まりました」

その結果、多種多様な人脈が山本の仕事を後押しするようになった。

「若手・中堅は、実務の細かい知識や現場感を教えてくれました。管理職と信頼関係が築けると、自分が実現したい起案が通りやすくなります。大先輩とつながると、まちの歴史だけでなく、現在の業務フローの歴史まで深いレベルで教えてくれるんです。**すべてのつながりが、より良い改善案を生みました**」

同僚との距離を縮める一方で、市長との関係性はどうだったのだろうか。山本は松本市長からの信頼も厚く、状況に応じて支援を受けることもできたように思う。しかし、あえて、その手段をとらなかった。

「トップへのアプローチは、決裁フローの過程で反動を生むため、ひっくり返そうという力が働きます。結果的に、決裁が進まなくなることもあるのです。一方、**ボトムアップで起案を進めると、改善は規程に織り込まれ、役所の公式なルールとなります。**そうなれば、規程に関わるすべての職員の行動に反映され、継続的に実行され続けるのです」

「生情報の収集」「持続力」「プログラミング思考」

山本に自身の強みを尋ねたところ、こんな言葉が返ってきた。

「あまり考えたことはなかったんですけど、この3つかなと思うのが、**『生情報の収集』『持続力』『プログラミング思考』**です」

どういうことか、少し掘り下げてもらった。

「『生情報の収集』というのは、自分の目でしかるべき情報をインプットするということです。たとえば、**入庁前の休日に、和光市にある主な公共施設はすべて自分の目で**

見ていました。市のホームページの新着情報も、すべて読んだ状態で初日を迎えています。議会の会議録は図書館で読んでいますし、和光市史みたいなものも目を通しました。仕事が終わってからは、地図を片手にスーツのまま、まちの中をジョギングがてら走ったりもしています」

実は山本の情報収集はそれだけにとどまらない。全省庁のホームページの新着情報や、最高裁判所の判例などもチェックしているのだという。

「この『生情報の収集』を、２つ目に挙げた『持続力』を伴って、継続できることが強みだと思います。**１つひとつのインプットは誰にでもできることですが、それを何年も継続するのは、意外とできないことかなと思います**」

最後に３つ目の『プログラミング思考』について尋ねた。

「仕事を進めるときに、常に社会や組織をプログラミングしていると考えて進めています。つまり、自分の意図通りに『確実』かつ『永続的』に仕事が処理され続けるかどうかを考えているんです。**自分がいなくなっても、思い描いた世界がそこに残って、誰が担当となっても継続できるようにすることを意識しています**」

「持続的な情報収集」は、課題や改善の根拠を発見する手がかりとなる。そして、「プログラミング思考」は改善を永続化する。

強みを認識する一方で、こんなことも口にした。

「正直、他の公認会計士に比べて会計知識がすごく深いとか、監査能力が高いというわけではありません。今挙げた3つのポイントが、成果を上げるために重要なことだったと考えています」

自治体で働く公認会計士のロールモデルになりたい

公務員に転職した山本は、行政の仕事に何を感じたのか。

「役所は変化が起きないというイメージが強いと思うんですが、社会変化の影響に常にさらされているんです。日々、シビアでダイナミックな意思決定に迫られているところが、本当に面白いですよね。**ニュースに流れることで自治体に関係のないことって、ほとんどない**じゃないですか」

山本は今後、何をめざすのだろうか。

「会計の専門家としての知見を活かしつつ、役所内のさまざまな部署を巡って、どのように役に立てるのかを試してみたいですね。**自治体で働く公認会計士のロールモデルとなれば、会計士が自治体で働くのが当たり前の世界になります。その第一歩になれたらと思うんです**」

２０１８年9月、山本は3年の任期を終えたが、和光市を去ることはなかった。中途採用試験を受け、同市の政策課企画調整担当として採用されたのだ。

財政課から新天地に移った山本は、驚くべきことに、わずか5か月足らずで大きな成果を上げる。経営管理のために作成していた計画やその進捗確認のためのツールを、現状に合わせて整理統合した。これによって、役所全体で２００ページ以上に渡る資料作成を不要とし、数千時間にのぼる業務時間の削減が見込まれている。

意志は道を拓く。役所で働く公認会計士のロールモデルとなるべく、山本は着実に歩みを進めていた。

山本享兵に学ぶ 役所でやりたいことを実現するヒント

実現までのルートを描く

山本の改善の手順は、①課題の発見→②説得材料の収集→③決裁者の温度感の見極め→④決裁の起案と続く。特筆すべきは、課題をノートに記録することがすべての起点となっている点だ。

他者の心理に注意を払う

「物事が変わるのは人の心が変わったときだけ」という着眼点は、ゴールを明確にする。組織のルールを変えるためには、決裁権者の心を動かすしかない。ときに誰も傷つけないロジックが必要な場合もある。

組織内に仲間を増やす

役所に入ったばかりのタイミングでは、支えてくれる同僚は存在しない。組織内に広く人脈を築くことで、正確な課題把握や状況分析につながったり、決裁権者の判断基準を理解することができる。

COLUMN 2

挑戦する公務員が「当たり前」にならなければならない

小紫雅史（生駒市長）

現在は、人口減少・少子高齢化が進み、国の財政状況も厳しい「向かい風」の時代。

国民のニーズも多様化する中、**昨年と同じことや他の自治体と同じことだけをしていては「現状維持どころか、後退を意味する」時代**だ。

これを逆に考えれば、**現在は「挑戦すること、変革することへのハードルが下がっている時代」**とも言える。現状維持が後退を意味するのだから、この書籍に登場するような**「挑戦を続け、変革を生み出す」公務員がもっと出てきてもいい**はずだ。

挑戦する職員が評価されるだけでは、万全とは言えない。むしろ、挑戦することが「当たり前」にならないと地方創生など、夢のまた夢である。

とはいえ、時代の変化や地域のニーズを感じるだけでなく、実際に変革を進める際は、多くの抵抗や批判などが起こる。当然、大変なエネルギーが必要だ。

全国に数多いるはずの、**すべての挑戦する公務員に心からの敬意とエールを送りたい。**

#06

公務員 × 水道

不都合な真実を伝える覚悟を持つ

菊池明敏（岩手中部水道企業団）

きくち・あきとし

1959年生まれ。岩手中部水道企業団参与。1984年に和賀町役場（現北上市）入庁。1991年に、旧北上市、江釣子村、和賀町の市町村合併が起こる。その後、財政課、下水道課、企画課を経て、2001年より水道部営業課、2011年に上下水道部上水道課長となる。2014年、岩手中部水道企業団の設立に際し移籍。その翌年より岩手中部水道企業団局長を務める。2019年3月末で定年を迎え、同年4月より現職。関西学院大学大学院非常勤講師、総務省地方公営企業等経営アドバイザー、地方公営企業法の適用に関する研究会委員、国際公会計学会理事、経済産業省の水道CPS/IoT検討委員会委員などに名を連ねる。著書に『地方公営企業経営論』（共著、関西学院大学出版会）があるほか、多数の論文を発表している。

日本の水道事業は苦境に直面している。人口減少社会の到来に加え、最新の節水機器により水道使用量が低下し、収入は減る一方だ。さらに追い討ちをかけるのが水道施設の劣化である。１９６０年以降、全国で急速に敷設された水道設備は、耐用年数の限界を迎え、今後、多大な維持費用が見込まれている。

こうした危機的状況を背景に、２０１８年、自治体の「広域連携」と運営権を民間企業に売却する「コンセッション方式」の推進などを柱とする改正水道法が成立した。

この法改正に先んじて、水道事業で大きな改革を実現したのが、岩手中部水道企業団の局長を務めた菊池明敏である。

菊池は長年水道事業に関わるが、その最たる功績は、北上市、花巻市、紫波町の３市町における水道事業の広域統合を実現したことだ。２０１３年9月、３市町による企業団設立にこぎつけた菊池は、常に水道業界の先頭に立って走り続けてきた。

会議設計のこだわりが、突破口を開く

菊池の公務員としてのキャリアは、旧和賀町に入庁したことから始まった。市町村合併

後は北上市の職員として、財政課、下水道課、企画課を経て、2001年からは水道部に所属した。水道部に異動後、菊池は早々に目の前の課題に着手する。老朽化していた水道管を効率的に入れ替えることで漏水を減らし、年間数千万円のコストを削減した。

水道事業の広域統合に至るきっかけは、2002年にさかのぼる。当時、3市町の水道事業者に水を供給する、いわば卸売業者のような一部事務組合が存在した。同組織の議会において、「3市町の水道事業体および、一部事務組合を集約すべきではないか」という質問がなされた。菊池は当時をこう振り返る。

「**指摘を受けたからには何か行動を起こさなければならない**ということで、『在り方委員会』を設置して、3回くらい議論をしてみようという話になったんです。2004年にこの在り方委員会ができたのが、すべての起点でした」

しかし、その一方で、統合は実現しないだろうと感じていた。

「私自身は重要な問題提起だと思いました。ただ、在り方委員会をつくっても、残念ながら時期尚早と結論づけられ、話が進まないだろうと踏んでいました。というのも、いざ統合するとなると相当大きな影響が生じるため、役所の上層部にとっては非常に面倒だろうと思ったんです」

望みが薄くとも、菊池は会を設計するにあたり、１つだけこだわったことがある。しがらみにとらわれず将来を考えられる若手・中堅で意見をまとめるようにしたのだ。

「**委員会の長は所長や部長クラスですが、それは単なる傀儡《かいらい》にしました。**委員会の下に、経営財政部会と施設管理部会という専門部会をつくって、そこを実働部隊としたんです。そのとき、僕は経営財政部会の会長を務めることになりました」

この会議設計へのこだわりが、事態を予想だにしない方向に動かした。

「一度開催した時点で、統合は難しいという結論になると思っていたんですが、まったく違う展開が待っていました（笑）。**若手・中堅には、みんなものすごく焦燥感と危機感があったんです。**現場の人間は毎日、水道管が水を吹いている現状を見ているわけですから、もう、熱が入りすぎて収拾がつかなかったですね」

２００４年に会議体が設置され、以降、１年半の間に、23回もの会合が開かれた。会合後の飲み会でも、「このまま何も手を打たないで、水道事業がやっていけると本当に思っているのか！」と怒号が飛び交った。

「実は、飲み会のほうが２回多くて25回開催しました。他にも、専門部会ごとに飲み会があったんです。人間、お酒を飲むとエスカレートしますでしょ？　本当につかみ合いみたいな感じになる。ここまで本気で話し合ったことはありませんでした」

緻密なシミュレーションを根拠に、粘り強く提案

熱い議論が交わされた在り方委員会は2006年に終了した。その報告書では「広域による水道事業経営は、運営基盤及び技術基盤の強化が図られ、経営の安定化、効率化などに大きな効果をもたらす」と結論づけられた。しかし、統合実現への道のりは依然として困難を極めた。

「最も苦労したのは首長の説得です。とりわけ、3市町の中でも紫波町はなかなか首を縦に振りませんでした。当時起債残高が最も多く、さらに大型プロジェクトが動き始め、多額の投資を必要としていたんです」

しかし、菊池は諦めなかった。2010年から2038年までの水道料金のシミュレーションを行ったところ、統合しなければ、3市町すべてにおいて値上げが必要となることを明らかにした。値上げ幅は紫波町で約75％、花巻市で約45％、北上市で約10％。一方、3

市町が統合した場合は、設備の効率化が進み、数%程度に収まる。

「リスクを数字で説明し、**一般会計にも悪影響が広がると示したことで、ようやく、首長がゴーサインをくれました。**それでも、統合に関する覚書を結ぶまでは、夢でしかなかったんです。**仲間に『やろうよ』って言いながらも、どこかで夢のような話でした**」

事業が開始されたのは、2014年。在り方委員会を設置してから、約10年の歳月が経っていた。

先頭から見える景色は、二番手には見えない

2014年4月、岩手中部水道企業団が事業を開始すると、菊池は局長に就任した。そして、すぐさま施設の統廃合に着手していく。

「**稼働率が5割くらいの安定した水源を確保できるダムがあったんですが、半分しか使っておらず、ものすごく非効率だった**んです。かたや、小さな施設で安定していない水源がいっぱいありました」

岩手中部水道企業団は2014年から2024年までに、34あった浄水場施設を21に減

らす計画を進めている。2019年4月時点で、すでに浄水施設5つ、取水施設4つ、配水池2つを廃止した。

2018年11月に、岩手中部水道企業団外部評価委員会がまとめた報告書では、浄水施設の廃止による削減効果は、**更新にかかる建設費用で約17億円、施設維持費で年間1500万円**と試算された。

「施設の廃止によって、減価償却も維持費もなくなりました。しかも、維持している浄水場は安定している水源なので、リスクも低くなったんです。それは住民にとって幸せですよね」

菊池が常に成果を上げる背景の1つには、旺盛な好奇心がある。

「**やるんだったら最初にやりたい**んです。失敗したらそれでしょうがない。水道料金のクレジットカード支払いの申込みをオンラインで受けつけたのも、全国で最初でした。これは自治体の公共料金としても全国初です。料金業務の包括委託も東北で最初にやりました。実は、資金運用もしているんです（笑）」

先行してアクションを進めることに大きな価値がある、そう菊池は言う。

「前例がないことはリスクを背負うことにもなります。でも、一番はじめにやると、それが全部ノウハウになる。二番手三番手は、そのやり方を真似ることはできても、そこにはすでに大きな経験の差が生まれています。**先頭から見える景色は、二番手には見えないんです**」

この姿勢が、菊池を水道業界のトップランナーたらしめたのだろう。

自分を超える若い奴らが出てくると面白い

広域統合のメリットはこれだけではない。最も大きな効果があったのは、独自採用による人材の確保だという。通常、岩手中部水道企業団のような一部事務組合の職員は、各自治体から出向してきた職員で構成される。しかし、公務員に異動はつきものだ。数年後には、元の組織へと戻っていく。

「最初は首長からも『出向でいいんじゃないか』という話がありました。ただ、僕が『**そんな根性のない奴いらねえ**』って言ったら、『あ、そうか』で決まっちゃった。『よし、やったー』って思いましたよ（笑）」

さらに、驚くべき事態が起きる。当時、出向で来ていた3市町の職員に移籍希望を募ると、65名全員が手を挙げた。各自治体を退職して、転籍。いわば片道切符の完全移籍となるにもかかわらずだ。

「**うちみたいに全員プロパーにしちゃうと、『異動だ』って言われて、持っていかれることはありません。**市の水道事業にいた頃、若い奴を鍛えて一人前にしたところで、ポイっと持っていかれていました（笑）。人をつくっても、つくっても、持っていかれる。俺らの思いを継いでくれるのは誰なんだって気持ちが、ずっとあったんです」

悔しい経験があるからこそ、人一倍、人材育成に注力してきた。

「**すっ飛んでいる若い奴らが出てくると本当に面白いです。**個々の分野に関しては、私はもう若手に負けています。たとえば資金運用の分野でも、若い奴が僕の上を行っていますし、施設のダウンサイジングでもそう。突拍子もないアイデアをぶつけてくるのがとても面白いんです」

外部評価委員会の報告書にはこう記載がある。

「統合の際に企業団職員をプロパー化したことで、職員個々の技術向上の意識が高まっているほか、水道事業に関する技術・知識が蓄積され、より水道事業に精通した職員の育成が可能となっている。また、職員の職務時間外での資格取得数も増加しており、技術向上に対する意識が高まっていると考える」

人材育成について、最高評価であるAランクが付されていた。

「水道事業体の9割は黒字」はフェイク

菊池の人並外れた仕事ぶりには原体験がある。

北上市職員時代、年間20億円近くかけていた下水道の事業費を、2年で2億円まで激減させた。当時、下水道事業は会計上の黒字であった。しかし、会計に通じる菊池は、破綻に突き進む下水道の財政問題を可視化した。

「パンドラの箱を開けにいった自分でも、実際の数字を見てあかんと思いました（笑）。ただ、直属の上司に言うと話が通らないので、**資料をつくり込んでいきなり市長のところに行ったんです。**このままだと料金を値上げしなきゃいけないし、事業もやめなきゃいけないと伝えました」

市長の顔がみるみるうちに青ざめる。事の深刻さを理解するのに時間はかからなかった。

その後、北上市は大幅な料金改定と事業見直しに踏み切り、下水道事業の破綻を食い止めた。しかしその一方で、菊池が進めた改革は地元業者の仕事を容赦なく奪った。

「うちの母ちゃんに『あんたが何をしたかわかる?』って言われました。下水道は地元業者のメインの仕事なんですよね。市からの受注がなくなることで、会社をたたむ人もいたんです。自分が進めたことで、**いったい何組の家族を路頭に迷わせたのか**と夢にも出てきました」

もちろん、市民全体のためを思えば、菊池の進めた改革は正しいだろう。しかし、この経験は、まぶたの裏に焼きついたままだ。

「今でもトラウマなんです。だから、悲惨な状況になる前に会計をちゃんとしないといけない。**ここまで酷くならなかったら……。もっと前に止められたら**……という思いがあるんです」

自らの反省から、日本の水道事業が同じ過ちを繰り返さぬよう、菊池は警鐘を鳴らす。

「全国の水道事業体の9割が黒字を計上しています。でも、本当に必要な水道管の更新を進めたら、3～4倍の事業費を毎年投資しなきゃいけない。そうすると、多くの事業体が赤字になります。だから**黒字はフェイク**なんです」

異動が宿命とされる公務員には、陥りがちな罠があるという。

「職員は水道事業に3、4年しかいません。そういう状況だと、人間って逃げたくなるんです。でも、**『俺がいるうちだけは問題が噴出しないでちょうだい』っていうのは、逃げそのものじゃないか**と思っています」

住民にとって不都合な事実であっても、覚悟を持って伝えなければならない。そう菊池は主張する。

「お金は効率的に使わなければいけません。たとえば大病院がある地域などには、優先的に最新の水道管を入れるべきです。一方、限界集落を含め、ほとんど水量がないところは入れ替える必要はありません。当然、設備が破損した場合には直します。しかし、**やるべきではないことを『やらない』と言う説明責任も、我々は果たしていかなければなりません**」

修羅場で触れた「水道人」の矜持

水道事業に関わる中で、菊池は修羅場と呼べる状況を幾度も経験した。

「修羅場はたくさんあるんです。東日本大震災もありましたし、１００人以上が対応にあたった大規模な漏水、重油が流出したことなんかもありました。水道は生活基盤を担っていて、消防と同じ。必ずクライシスがあるんです。

でも、人間の馬鹿力がそこで発揮される。水道のおっちゃんたちは問題が起きると、『なんとかしたるわい』って言って、危険を省みずに向かっていく。**『水道人』ってみんなアホ（笑）。それを見たことが、僕が水道に骨をうずめるきっかけ**だったのかもしれません」

特に東日本大震災の記憶は鮮明に残っている。

「僕は事務職ですが、3・11では給水車に乗って沿岸被災地の現場に行ったんです。陸前高田市まで行ったんですが、悲惨を通り越して凄惨でした。遺体が見つかったことを示す赤い旗がいっぱい立っている。そういう中を給水車に乗って気合だけで行くんですよ。東北全域が停電で真っ暗。街灯さえまったくないところを全国から何十台、何百台の給水車が向かって来る。沖縄からも来た。

水道のおっちゃんたちは、自分のことなんか何にも考えちゃいない。ただ『水を持ってくんだ！』しか頭にない。かっこいいですよね。どんな修羅場であろうが、彼らは給水活動をするんです。その思いは水道のおっちゃんみんなにあるらしい。言葉では言い尽くせないですよね」

菊池の目はうっすらと潤んでいた。

２０１９年４月、菊池は岩手中部水道企業団の参与となった。相変わらず、全国からの登壇依頼はひっきりなしだが、今も全国の水道事業体に警告を発し続けている。

「水道人の矜持ってあるんです。**孫や子どもにツケを残すって、かっこ悪いじゃないですか。**いつか墓の中に入ったときに、良い水道になったなと、みんなで酒盛りしたいと思っています（笑）」

冷静と情熱。ときに緻密に、ときに大胆に。菊池の魂は次世代に受け継がれていく。

菊池明敏に学ぶ 役所でやりたいことを実現するヒント

不都合な真実に向き合う

課題は誰かにとって不都合なもの。だからこそ、今も解決されずに残っている。首長、上司、同僚、市民にとっての不都合な課題に、勇気を持って向き合うことで、世の中は少しずつ良くなっていく。

課題を可視化する

決裁権者に事の重大さを理解させるためには、徹底した工夫が必要だ。菊池の場合は状況の深刻さを数字によって可視化することで、大きく物事を動かした。

同僚・部下へ敬意を払う

菊池の「水道人」という言葉には愛が詰まっていた。組織運営にはチーム内の信頼関係が不可欠である。同僚や部下に対する愛情や尊敬の念は、組織が成果を上げるために重要な要素といえる。人はお金のためではなく、誰かのために働いている。

第4章

官と民の視点を操る

#07

公務員 × 広報・市民協働

市民をまちの当事者に変える

おおがき・やよい

生駒市いこまの魅力創造課課長補佐。百貨店で販売推進を10年間担当後、2008年10月に生駒市へ転職。広報広聴課で広報紙の改革、シティプロモーションの立ち上げ、採用広報等に携わる。全国広報コンクールで11回入選、読売新聞社賞3回受賞。2016年には広報紙、ホームページ、広報企画、映像の4部門で入選。役所の外では全国の行政広報担当者が学び合う『広報基礎愛の100本ノック』をフェイスブック上に立ち上げ、自治体広報のレベルアップに貢献した。2016年、新設された「いこまの魅力創造課」に異動。市民PRチーム「いこまち宣伝部」の運営やアウトドアイベント「IKOMA SUN FESTA」の実施など、多様な仕掛けで、まちの推奨者・参画者を増やす取組みを続ける。

大垣弥生
（生駒市）

「日本一負けず嫌いな公務員」と称される女性が、奈良県生駒市役所にいる。大垣弥生、生駒市生まれ、生駒市育ち。今、他人に負けたくないものを挙げるとすれば、間違いなく「生駒愛」だろう。生駒市で働き、積極的に地域に関わったからこそ至った思いだ。

そんな大垣を過去に取材したメディア関係者はこう評する。「生駒市はユニークな市民が多く、彼らが横でつながっている。そして、その中心にいるのが大垣さんです」

「民間経験者のお手並拝見」という空気

大垣は２００８年に百貨店から生駒市に転職した。民間企業から初のキャリア採用として生駒市へ入庁、そのミッションは広報紙の改革だった。ところが、いざ役所に入ると、予想もしない事態に直面する。

「突然、触ったこともなかった一眼レフを渡されたんです。百貨店で広告をつくるときはコピーライターやカメラマン、デザイナーといったプロが各工程を担当し、私は企画や運営全体を管理する分業体制でした。ところが、市の広報紙をつくる際には自分一人で取材に行き、文章をまとめ、デザインまでしなければいけなかったんです」

キャリア採用として入庁した大垣に、周囲の目も厳しかった。

「**先輩に『ほんまに何もできひんねんな』と苦笑いされ、ものすごく落ち込みました。**でも、民間経験者のお手並み拝見という空気を感じて、私の中の負けず嫌い精神がうずいたんです。もしかしたら、単に私の被害妄想だったかもしれませんが（笑）」

そもそも大垣は、生駒市が持ち得なかった広報紙の作成ノウハウを期待されて入庁した。そのため、同僚や先輩から教えてもらえるはずもなく、役所の外で学ぶ必要があった。

「転職後すぐに、全国広報コンクールに連続入選していた新潟県燕市の事例発表を聞きに行く機会があったんです。私の切羽詰まった様子が伝わったのか、『わからないことがあれば、いつでも連絡して』と言ってもらえました。それ以降、本当に毎号毎号、発行前に紙面を送り、真っ赤に手直ししてもらいながら、基礎的な技術を身につけていきました」

大垣が結果を出すのに、時間はかからなかった。それから半年後に、生駒市は優れた広報紙を表彰する全国広報コンクールで入選。市として初めてのことだった。

成果が認められると、さらに大きなステージが用意される。

「入選した団体を中心としたつながりに入れてもらい、さらに多くの方々から知識を教わるようになりました。その結果、**広報紙はセンスでつくるものではない**ことを知りましたし、それを生駒らしくアレンジできるようにもなっていきました」

当時の広報ネットワークには少し変わった雰囲気もあった。

「私がお世話になった人はフラットに接する方でしたが、『レジェンド』と呼ばれる神のような存在の方も数人いました。その下に第2層、さらにその下に第3層などがあって、ものすごくヒエラルキーがあったんです。第3層は神と話せないとか（笑）。『**行政広報の価値は、広報コンクール受賞歴がすべて**』と考える狭い世界でしたので、上下関係がわかりやすかったんです。レジェンドたちはほぼ男性で、その人たちの技術やマインドを教わる縦社会でした。『俺に聞いてるのに、あいつにも教えてもらってたの？』と怒られたこともありました」

ネットワークの中で、大垣の負けず嫌いの血が騒ぐことも度々あった。

「レジェンドを囲んでいた人に、自分の名刺を片手で受け取られたとき、ものすごく悔しくて、『**いつか、この人たちと同じ目線で話せるように頑張ろう**』と決心しました」

大垣はその誓いを現実のものとした。全国広報コンクールで11回入選し、読売新聞社賞を3回受賞。まさに有言実行だが、特別な秘策があったわけではない。地域の話題にアンテナを張り、デザインやライティングの勉強を重ね、百貨店時代に培った企画力を存分に発揮した。

「百貨店って、母の日、父の日、夏休み、敬老の日、クリスマス、バレンタインなどの行事を、毎年視点を変えてプロモーションするんです。そのときは常に追い込まれながら企画を考え続けていました。その経験から鍛えられたと思います」

自らの担当業務に必要な能力を高めると、当然それは成果に直結する。大垣は業務に必要な能力を見極め、地道な努力の積み重ねによってその能力を最大化した。

小さな改善の積み重ねで、信頼を獲得する

大垣が公務員へと転身した際、どんな苦労があったのだろうか。

「しんどいことが山のようにありましたが、**最たるものは組織文化の違いです。**前職ではいかに昨年と提案方法を変えるかが腕の見せどころでした。しかし、役所では前例踏襲主義がまだまだ残っていたんです。担当課から提出された広報紙の原稿には、市民にわかりづらいものも多くありました。そういう場合は修正を求めるんですが、『昨年はそれ

で良かったから、そのままで』と言われることもありました」

軽微な修正でも簡単には進まなかった。

「広報紙で行政が多用しがちな『させていただきたいと思います』のようなへりくだり敬語を『します』に変えるだけで、担当課の了承が必要でした。役所に入るまで、昨年と同じでいいという理由で、改善案を却下された経験はなかったんです。正直、どうすればいいかわかりませんでした」

行政特有の概念も立ちはだかった。

「特定の市民の活動を取り上げたら『どうして公平性を無視するのか』と言われました。今は当たり前になった特集記事を始めたときも、『広報紙は雑誌でない。こんな紙面は認めない』と怒られたこともあります。**当たり障りのない情報発信は誰にも届かない**という考え方を、なかなか受け入れてもらえませんでした」

やがて、鬱積した思いは自らに向かった。

「自信もなくしたし、愚痴を言える人もいない。組織になじめる日が来るとは思えず転職鬱みたいな感じになって、毎日、辞めたいなと思っていました」

苦悩の日々を過ごす大垣を救ったのは、仕事を通じて得た市民からの声だった。

「役所に入って3か月目に、広報紙で市民活動を2つ紹介したんです。1つは独り暮らしの高齢者にお弁当を配達している団体でした。代表の方の熱い思いに胸を打たれ、泣きながら3時間お話を伺いました。発行後、その方がわざわざ役所に来て『今までいろんなメディアに取材してもらったけれど、一番思いを汲み取ってくれた。ありがとう』と部長にお礼を言ってくださったんです。

もう1つは、盲導犬や介助犬の洋服をつくるボランティアグループの記事を掲載したときに『メンバーが倍増した』と喜んでくださったことです。なんて社会人冥利に尽きる仕事なんだろうと感動しました。広報紙は、思いを込めればダイレクトに反応があるんです。言い訳せずに頑張ろうと覚悟を決めました」

大垣は目の前の仕事に集中していく。

「広報紙の改革って、広報だけでできるものじゃないんです。担当課の理解も必要だし、まちの人との関係もつくらなくちゃいけない。**庁内外にキーマンを見つけて、ネットワークに入れてもらうことを心がけながら、とにかく小さな改善を地道に繰り返す**ことから始めました。文字だけの記事に写真を入れたり、参加者の声を記事に入れたり、できることから変えていくんです」

小さな改善の積み重ねによって、周囲からの評価も変わる。

「『最近、広報紙が良くなったね』というまちの方々の声が、市長や管理職に伝わるようになり、それが庁内からの信頼につながりました。広報コンクールの連続入選も同様です」

人は他人のことを見ていないようで、意外と見ているものだ。

信頼があるからチャレンジできる

生駒市の広報紙の影響力はさらに増していく。

「広報紙で障がい者の就労を特集したとき、福祉事業所が運営するパン屋さんを記事にしたんです。何年かあと、別件でそのパン屋さんに行ったら、そこで働いていた方が『広報の人ですか？　私は何年も家に引きこもっていましたが、広報紙を読んでこのパン屋を知ることができました。だから今は外に出て働くことができるようになったんです！』と声をかけてくださいました。涙が出ますよね」

大垣は広報紙の影響力を実感した。

実績を重ねた大垣は、広報のあり方について、大きな軸を持つようになっていた。

「良い広報紙をつくることは、広報課のゴールではありません。市の事業にはそれぞれターゲットが存在します。そこにどうアプローチするかを、担当課と一緒に考えることこそが広報の仕事です。良い広報紙をつくりたかったのではなく、**各課の仕事やまちの方々の活動を広報面からサポートすることで、地域を良くしたい**と思っていました」

コツコツと勝ち取った信頼によって、裁量が大きくなる。

「2015年につくった採用ポスターが、とても話題になりました。はじめに人事課から、職員が空を見上げている爽やかなポスターをつくるよう依頼が来たんです。でも、それでは認知獲得につながらないと判断して、広報で勝手にアイドル風のデザインにしました。それを見た当時の副市長と人事課長は絶句されたと聞いています。でも、否定することなく提案を受け入れ、自分たちの責任で世の中に発信してくださいました。積み重ねた信頼があってこそのゴーサインだったと思います」

生駒市は先進的な採用手法で注目を集めるが、大垣はそれを広報の立場から支えた。

「誰かに寄りかかっていればいい」というマインドを叩き直す

大きな実績を上げた大垣は、自らが蓄積したノウハウを全国の自治体職員に共有するため、「広報基礎　愛の１００本ノック（以下、『ノック』）」を立ち上げた。

「２０１５年2月に福岡県福智町の日吉由香さんと、フェイスブック上に非公開のグループをつくりました。広報紙の作成に必要な文章の書き方、写真撮影や紙面レイアウトなど、実務の中で培ったノウハウを１本１５００字程度で投稿するんです。他にも、ＳＮＳ、メディア対応、危機管理、仕事の目的や心構えなど幅広く扱いました」

大垣と日吉がそれぞれ50回ずつノウハウをまとめ、２人で合計１００回もの投稿を行った。最大で全国１６０名の広報担当者が在籍するほどに成長したが、運営者としての負担も大きかった。

「１週間に一度ノウハウを投稿していました。当時、生駒市は広報紙を月に2回発行していたので、そもそも年中締切りに追われていたんです。残業後に家事をすませてから、夜中にノックの原稿を書いていました。『何でこんなこと始めたんやろう』と何度も後悔しましたし、投稿へのコメントが少ないと『読み逃げするなんてありえへん』とイライラして、精神的に不安定になりました（笑）」

運営側だけでなく参加者も大変だった。ノックの投稿に3回連続でコメントをしなかった場合には、強制退会という衝撃的なルールが存在したのである。その目的を問うと大垣はこう応じた。

「『**誰かに寄りかかっていればいい**』**というマインドを叩き直す**ことです（笑）。**一生懸命な公務員って**『**意識高い系**』**とか言われて、職場で浮いた存在になりがち**です。だから、仕事に対する熱意を表に出すことに慣れていません。ノックを立ち上げたときも、『勉強させてください』と自己紹介はするけれど、後は完全に受け身。これじゃあ、成長できないなと思いました」

ノックの投稿には多くのコメントがつき、メンバー同士で厳しい突っ込みが飛び交う。まるで部活さながらの雰囲気で、積極性を強く求められた。

「エクセルで各参加者のコメントした回数を管理し、発言を強要しました。『大垣さんにいつ狙撃されるかわからない緊張感がある』と言われましたが、みんな非日常な空気感を楽しんでいた気がします」

すぐに実務へ活かせるノウハウを共有したこともあり、参加者は次第に高い成果を上げていった。中には大きく紙面を改革し、全国広報コンクールを受賞する者もいた。ある参加者が手がけた財政の特集は、日本経済新聞で紹介されるほど注目を浴びた。

ノックで100本の投稿を終えた後、新たに「新100本ノック」が生まれ、参加者が持ち回りでノウハウを共有するようになった。2017年12月にノックはその役割を終えたが、参加者が新しい広報の勉強グループを立ち上げ、学びの場を継承している。

「20年後に同窓会をする約束もしています。民間企業が同業者と惜しみなくノウハウを共有することってないじゃないですか。でも、**行政は先進自治体が情報を提供して、みんなで学びあって、日本全体を元気にしていく**んですよね」

大垣がノックを始めた背景には、転職後に悪戦苦闘した自らの体験があった。地方公務員の異動はまるで転職さながらだ。大勢の広報担当者を抱えていない自治体では、そのノウハウの継承が難しい。ノックは広報の初心者、また上級者にとっても貴重な場となった。

余談ながら、大垣はノックにおいて、まるで女王様のように扱われていた。強制退会などの厳しいルールがまさにそれを象徴している。本人にそれとなく話題を振ると、あっけらかんと笑顔でこう応じる。

「あれは、雰囲気づくりのための演技です（笑）」

おそらく、ほとんどの参加者は信じないだろう。それでも周囲から愛されるという事実を鑑みると、大垣の人望は絶大だということがわかる。

まちを好きになり、まちに関わってもらうスイッチを押す

大垣は2016年4月に広報広聴課から異動し、シティプロモーションを担う。生駒市ではシティプロモーションの目的が特徴的だ。「まちの推奨者・参画者を増やす仕組みづくり」と定義して、事業を展開している。

「市民PRチーム『いこまち宣伝部』を運営しています。生駒で暮らす方々が、市の公式フェイスブックへ投稿して、まちの魅力を発信したり、CMやフォトブックの制作を進めてくださっています。無償の活動にもかかわらず、定員を超える応募がありました」

市民協働を進める中で意識していることを聞いた。

「**『ご協力をお願いします』と請う姿勢を見せない**ように心がけています。『地域を楽しむことって幸せですよ！』といった雰囲気で、まちの方々と事業をつくるんです」

企画したイベントでは、来場者が1万人を超えた。

「生駒の魅力を体感してもらうアウトドアイベント『ＩＫＯＭＡ　ＳＵＮ　ＦＥＳＴＡ』を開催しました。行政が今までつながってこなかったカフェやバー、キッチンカー、美容院といった事業者の皆さんに出店依頼をしたら、ほとんどの方が快諾してくださいました」

２０１８年8月には生駒市がホストとして『シビックパワーバトル　大坂夏の陣』を開催した。

「シビックパワーバトルとは、市民や団体、行政が1つのチームになり、オープンデータを利用してまちの魅力をアピールするイベントです。神戸市、尼崎市、京都市左京区、枚方市、そして生駒市が参加しました。各チームのプレゼンの結果、生駒市が最優秀賞である『プロフェッショナル審査員賞』を受賞することができました」

このイベントはＮＨＫ、読売新聞、朝日新聞などで報道され、生駒の魅力を内外に発信した。3か月がかりで発表内容をつくり込んだため、参加者の思い入れも強かった。

「『行政から受け取るだけでは、まちへの愛は生まれない』と、参加した市民の方が発信してくださったんです」

この想いは他の市民にも伝播した。「まちへの誇りが増した」「自分も生駒のために何かせなあかん」「生駒に住みたくなった」などと続々と感想が寄せられた。

「いこまち宣伝部」を2年間続け、「シビックパワーバトル」で生駒市のチームリーダーを務めた中垣由梨に大垣の印象を尋ねた。

「良い仕事をしようという信念が強くて絶対に妥協しない。失敗を恐れず新しいことに挑戦し、必ず良いものに仕上げようとするんです。今でこそ冗談も言えますが、正直、最初は怖い印象で接するたびにドキドキしていました（笑）。でも主張には筋が通っていて、強い思いを感じるから周りの人が動くんですよね」

勝気なイメージの大垣だが、異動直後は気持ちの切り替えに苦労したという。

「愛してやまなかった広報から異動になったとき、辛すぎて3か月ほど落ち込みました。でも、このシティプロモーションという仕事が、**『まちを好きになり、まちに関わってもらうスイッチを押す仕事』**だと気づいて、気持ちを立て直しました。今はすっかりこの仕事の虜です」

常に新たな市民を仲間にする

生駒市に転職したことで、気持ちの変化もある。

「私は生まれも育ちも生駒ですが、以前は旅先で『どちらからお越しですか？』と聞かれたら『大阪から』って答えていました。今ではそんな私が『生駒への愛にあふれている』と言われます。それは、**地域に入って、素敵な人と出会い、まちの魅力を知ったか**らです。

これからの時代、地域の持続可能性は行政施策だけで何とかできるものではありません。**まちの方々が、地域のことをどれだけ自分事にできるかにかかっているん**じゃないかと思います。誰かがつくるまちから、自分たちがつくるまちへ、一人でも多くの人の意識が変わるよう着実に進めていきたいです」

大手新聞社のある記者は、大垣の成果をこう話す。

「行政職員は積極的に地域へ出て行くことが少ないが、大垣さんは自ら外に出てネットワークを広げている。さらにすごいのは、新しい試みを進めると、常に新しい市民が仲間に加わっていること。大垣さんはネットワークを広げ続けて、市民の心に火をつける。それによって、生駒を良いまちにしたいと考える市民がいつの間にか増えているんです」

ネットワークを広げれば広げるほど、人間関係は複雑に絡み合い、困難も生じる。だからこそ、人はすでに構築されたコミュニティの心地よさに安住してしまいがちだ。しかし、固定化したコミュニティが盛り上がれば盛り上がるほど、周囲からは冷めた目で見られてしまう。大垣は新しい市民とのつながりを常に広げていくことで、コミュニティの多様性を維持している。

毎年、新しい取組みにチャレンジする

大垣は仕事をするうえで何が大切だと考えているのか。転職直後から今に至るまでを振り返ってもらった。

「諦めないことでしょうか。ラクなほうに流されず、採用時の期待に応えるための努力を続けることが大切だと思います。今も毎年新しい取組みにチャレンジしています。前例のない事業に予算をつけてもらうのは大変ですし、心が折れそうになることも多々ありま

す。でも、**外から来た私が守りに入っている場合じゃない**ですよね」

民間からの転職者に期待されることは、その専門性だけでなく、プロパーの公務員と異なる視点やチャレンジ精神などだろう。

近年、自治体における民間経験者の採用は増加傾向にある。一方で、世間から見た公務員の評価は今も厳しい。

「正直、私も公務員に対するイメージは良くありませんでした。世間の公務員へのイメージは今でも良くありません。『安定してるし、ラクでいいね』って私も思われていると感じるときもあります。最近も、同年代の市民の方から『市役所の人は席で新聞読んで、ぼんやりパソコンを眺めているイメージだった』と言われました。悲しいけれど、それが現実です（笑）。だからこそ、イメージを変えたいですよね」

大垣のような公務員が、全国で少しずつ公務員のイメージを高めている。その小さな積み重ねは、巡り巡って、すべての公務員にとって働きやすい環境づくりにつながっている。

大垣弥生に学ぶ

役所でやりたいことを実現するヒント

常に挑戦を続ける

長年積み重ねてきた前例には、善例もある。しかし、ただ漫然と前例どおりに仕事をこなしていては、「お役所仕事」からは抜け出せない。大垣は常に仕事の質を高める挑戦を続けている。

コツコツと信頼を得る

大きな裁量を持つ公務員は、仕事で信頼を勝ち取ってきた歴史がある。大垣は小さな改善を地道に繰り返すことで、庁内の信頼を獲得した。役所の中でやりたいことを実現する職員は、それに相応する信頼残高がある。

他人の心情を汲んで、自分の信念を貫く

仕事をするうえで周囲との連携は避けられない。大垣は自らの信念を貫きつつ、相手の気持ちを察しながら調整を進める。役所内外で大垣が人望を集めるのは、この２つを両立しているからだろう。

COLUMN 3

公務員戦国時代の到来

東修平（四條畷市長）

平成26年から始まった地方創生。各自治体が知恵を絞り、汗をかき、新たなことに挑戦することは、日本全体にとって喜ばしい。そうしたなか、魅力あるエリアの構築や子育て支援に力を入れる地域へ、人々が集まってきている。

しかし、話は人口の移動ではすまない。実は今、人口移動を上回る変化が起きている。

それは、**公務員の移動**である。

より大きな裁量を持ち、**挑戦できる組織で働きたいと考える公務員が、自らの居場所を求め、別の市役所に移っていく。**現に、四條畷市役所にはそうした意欲ある公務員が複数、転職してきている。

これは、住民への施策だけでなく、**職員が活躍できる組織マネジメントが重要になる**ということを意味する。事実、**そのまちにとって優秀な公務員を失うことの影響は、計り知れないほど大きい。**

私としては、この傾向を歓迎したい。これにより、**全国の首長の意識が変わり、挑戦する公務員が増え、ひいては国民全体の福祉向上につながることを、心から望む。**

#08

公務員 × ふるさと納税

予算ゼロだからこそ、始められることがある

黒瀬啓介（平戸市）

くろせ・けいすけ

1980年生まれ。元平戸市財務部企画財政課主査。2000年に平戸市役所に入庁。市教委生涯学習課を経て、広報を5年間担当。在籍中に長崎県広報コンクール広報紙の部5年連続最優秀賞受賞、2008年全国広報コンクールの広報紙の部（市部）で6席受賞。その後、税務課住民税係や企画課協働まちづくり班を経て、2012年から移住定住推進業務とふるさと納税を担当。「寄附者ファースト」というコンセプトのもと、行政が苦手と言われるマーケティング視点を駆使。カタログから返礼品を選べる仕組みを全国に先駆けて採用するなど、さまざまな工夫により、2014年には寄附金額日本一を達成。2016年7月から株式会社トラストバンクに1年9か月出向したのち、2019年3月に市役所を退職。

長崎県平戸市に勤める黒瀬啓介は、全国で登壇するたびに自らを「日本一チャラい公務員」と紹介する。これを口に出してしまうと彼のブランディングを妨害するかもしれない。しかし、端的に言って、彼のことを心底チャラいと思っている人は、存在しないだろう。確かに話術には小気味いい軽快さがあるが、一度でも彼の話を聞いた者であれば、そこに秘められた確固たる信念に、強く心を揺さぶられるからだ。

黒瀬は公務員になった理由をこう振り返る。

「私の家は貧乏だったんです。だから、中学生の頃から公務員になると勝手に決めていたんですよね。恥ずかしながら、志を持って入庁したわけではありません」

その言葉とは裏腹に、小学校のときに移り住んだ愛着のあるこのまちで、次第に頭角を現していく。広報担当時代には、全国広報コンクールで受賞を果たすなど、大きな成果を上げた。そんな、黒瀬が一際注目を浴びたのは、日本一となったふるさと納税の取組みだった。

予算がゼロでもやれるところからやる

黒瀬がふるさと納税に関わるようになったのは２０１２年、入庁して12年目だった。

「私が初めて担当した年度では、平戸市への寄附金額は約100万円でした。ところが、同じ年に米子市が9千万円集めていて、その事実に驚きました」

黒瀬はふるさと納税が、大きく伸びていくと直感した。しかし、当時すでに予算要求の時期を終えており、コストをかけられる状況にはなかった。

「**予算が0円でも、やれるところからやろう**と走り出しました。**逆に予算がなくて良かった**です。予算から入ると、しっかりとした説明が必要でした」

当時はまだ、ふるさと納税の黎明期。理解を得るのも大変だった。

「予算獲得のために事業を説明しても、必ずしも期待通りになるとは限りません。**ふるさと納税の将来性を信じて、勢いで進めた**のが、結果的に良かったかもしれません」

あっけらかんと、こんな疑問も口にする。

「そもそも、公務員には『予算がないと仕事ができない』という感覚があります。でも、**『財源がないから良いまちづくりができない』『寄附金が集まったら良いまちになる』というのは本当かな**って、いつも思っているんです」

事業者と対等な関係で協働する

当時から、ふるさと納税では地域の特産品を返礼品とすることが一般的だ。そのため、自治体は地元の事業者の協力を得ながら進める必要がある。

「最初はみんな、『ふるさと納税って何?』という感じでした（笑）。ただ、事業者さんにとっては、リスクなく新しい販路ができるため、すぐに了解をいただけました。『一緒にやろう』という言葉は、すごくありがたかったですね」

はじめに平戸瀬戸市場が参画し、以降、ひらど新鮮市場や観光協会、商工会議所も続いた。みんなで協力して商品の構成を考えて、ふるさと納税のカタログも協力してつくった。

「事業者さんを増やしていくにあたって、自治体にありがちな進め方はしませんでした。**いろいろな団体に参加をお願いして回るのではなく、共同事業という対等のスタンスでお誘いしたん**です」

近年、行政と住民の対等な関係性が説かれることが増えた。黒瀬はその重要性を早くから理解し、行動に移していた。

「お願いをして何かを始めると、『行政に協力してあげている』というスタンスが生まれます。それでは自主性がなく自分事になりません。すべての責任を行政に押しつけてしまう危険性もあります。ですから、**私の仕事のスタンスは、お願いをしないこと。ビジョンに共感し、一緒に動いてくれる仲間を集う**というものです」

黒瀬らしい飄々《ひょうひょう》とした口ぶりだが、対等な関係を構築するというのは、簡単なことではない。なぜ、黒瀬にはそれが可能だったのだろう。

「十何年間、まちのさまざまなイベントに顔を出して挨拶したり、スタッフとして参加していました。**もちろん、仕事ではなく、プライベートです。だからこそ、主要な若手や現場の方とフラットに関わることができていました。**当時から、『いつかこの人たちと仕事するだろうな』と思っていたんです」

黒瀬は入庁以来、ゴールデンウィークに体を休めたことは一度もなかった。

カラープリンターを使ってカタログを手づくり

平戸市のふるさと納税の特徴は、全国に先駆けて、カタログポイント制を採用したことだった。カタログポイント制とは、結婚披露宴の引き出物にある、カタログギフトを想像するとわかりやすい。寄附金額に応じてポイントが付与され、カタログの中から好みの返礼品を選ぶことができる。返礼品はすべて平戸市の特産品だ。しかしながら、予算は１円もない。黒瀬はどのようにして、カタログをつくったのだろうか。

「食を通じて平戸市をブランディングする『平戸市地域資源ブランド化推進協議会』という組織があります。彼らがつくったギフトカタログを、イラストレーターを使って自分でリメイクしました。それを、課のカラープリンターで印刷した手づくりなんです（笑）」

人脈とスキル、そして、執念が垣間見える。

「ふるさと納税の申込みが来ると、１部１部カラープリンターで印刷・製本し、カタログとお礼状を寄附者に送ります。１日に10件来て焦ることもありましたし、インクがなくなったり、プリンターが詰まって困ることもありました。本当に地道な作業ですよね（笑）」

申込みはその後も増え続け、見かねた上司が予算の都合をつけた。

寄附者ファーストの追求――どこの自治体でもやらないことをやる

寄附者に対して、黒瀬のコンセプトは明確だった。

「平戸のファンになっていただくためには、『寄附者ファースト』の環境を整えることが必要だと感じたんです。だから、**全国どこの自治体でもやらないことを、手間を惜しまずにやろう**と考えていました」

当時のふるさと納税は、寄附者にとって不便な面も多かった。黒瀬はその課題に一早く気づき、寄附者への徹底した配慮を行った。

「カタログポイント制だと、有効期限を気にせず、好きなときに返礼品を請求できます。12月は駆け込み需要が発生するので、そういう人にも利用してもらうことができました」

年末は誰もが忙しい。多くの選択肢の中から返礼品を選ぶことは、少なからず負担がある。カタログポイント制は寄附者のさまざまなニーズに合致した。

「当時の調査で、東京都民の寄附金額の平均が10万円だと知ったんです。1万円くらいの寄附を10か所にするのは面倒ですよね。カタログポイント制だと一度寄附すれば、後は好きなときに返礼品を注文することができます。その結果、駆け込み時には全国比で3倍近い寄附単価となりました」

黒瀬は配送の仕組みでも寄附者ファーストを追求した。平戸市は他自治体に先駆けて、返礼品の配送日指定、時間指定を可能とし、盤石な体制を構築していった。

「当時のふるさと納税は配送に関するケアがまったくなかったんです。平戸の主な返礼品は生鮮品でしたので、不在で受け取りができない場合は、お互いロスになってしまいます。配送する際のサービスを充実させることが重要でした」

寄附者と事業者それぞれに向き合う黒瀬が、自然と辿り着いた取組みだった。

ふるさと納税で儲けようという事業者は参加しないでほしい

自治体間でふるさと納税の競争が激化し、全国でさまざまな返礼品が生まれる中、平戸市は事業者に対して、「1商品2価格帯まで」という制限を課した。

「平戸が1商品2価格帯というルールを続けていることには理由があります。それは、事業者が商品数をたくさん増やしてしまうと、分析ができないと感じたからです。1商品2価格帯という限られた枠だからこそ、商品や販売方法を真剣に考え、寄附者のニーズに向き合ってもらえると考えました」

他にも興味深い取組みがあった。黒瀬はプロのカメラマンやフードコーディネーターを事業者に紹介し、商品写真のクオリティを高めてもらうように動いた。しかも、その際の撮影費用は役所が負担することなく、事業者がまかなった。

「誰だって、身銭を切らないと本気にならないんです」

これらの行動は、黒瀬のふるさと納税の哲学に起因している。

「生産者に対して、必ず伝えていることがあります。まず、**ふるさと納税で儲けようという事業者は参加しないでほしい**ということ。次に、ふるさと納税の申込みはあくまできっかけで、以降の継続的な販路の拡大こそが成功だということ。最後に、ふるさと納税を顧客ニーズのリサーチ、マーケティングの場として活用してほしいということです」

制度に依存するような事業者をつくりたくなかった。持続可能な未来を見据えた真っ当なアプローチだが、これを正面から事業者に伝えることのできる担当者は限られる。

黒瀬の哲学が生み出したヒット商品もある。

「実は、平戸市のふるさと納税を一躍有名にしたのは『ウチワエビ』という、40年前には捨てられていた食材なんです。いつからか漁師が食べるようになり、10年ほど前から家庭でも見ることが増えました。それが、ふるさと納税をきっかけに大ヒットとなり、出荷待ちが1万件を超えたこともあるんです」

ふるさと納税が本来あるべき、理想的な形だった。

ふるさと納税は、生産者の人生を背負う

平戸市のふるさと納税寄附金額は、黒瀬が初めて担当となった2012年度では、わずか107万円だった。以降、2013年度が3910万円、2014年度には約14・6億円と急激に増加し、日本一を獲得。さらに、2015年度は約26億円にまで達した。

黒瀬は平戸市が日本一になった最大の理由をこう考える。

「先ほどのカタログポイントや配送なども含め、さまざまな領域における『先行者メリット』が大きいですね」

黒瀬が言うところの先行者メリットは、マーケティング戦略にも見られた。

「民間のふるさと納税ポータルサイトを、立ち上げ当初から活用していました。その後にふるさと納税が注目され、サイトのアクセスが伸びたタイミングできちんとユーザーを取り込むことができたんです。前例のない取組みだったため、メディアに取り上げられたのだと思います」

大手メディアからも取材攻勢を受けた。

「1つの番組に出ると、必ず別の番組から連鎖的に連絡がありあます。特に『金スマ』や『得する人損する人』は反響が大きかったですね。驚いたのは、ニューヨークタイムズやエコノミストの取材も受けたことです」

その一方で、取材を断ることもあった。返礼品のお得感を前面に推すメディアが次第に増えていったからだ。

「私たちは『お得』でこの制度を運用してはいなかったですし、『お得』でこの制度を盛り上げる危険性も感じていました」

ふるさと納税担当者に向けた講演で、黒瀬はこう語っている。

「役所が寄附金を集めるために、事業者を利用してはいけません。**返礼品に採用することは、生産者の人生を背負うこと**です。ふるさと納税がもたらす影響は、我々が思っているより大きいんです」

その背景には、昨今のふるさと納税への懸念がある。

「このまま返礼品競争が過熱していては、制度がいつ終わるかもわかりません。**本当に大切なのは、一時的な売上よりもその先に何が残るか**です。この制度が終わってしまったときに、自治体は事業者を救うことはできません。だからこそ、**この制度を通して何を実現したいのか、明確なビジョンを持つ必要がある**と感じています」

黒瀬はふるさと納税の光と影を見てきた。

新たな挑戦に苦労はつきものだ。ふるさと納税を日本一に導く過程で、黒瀬にはどのような困難があったのだろうか。

「**誰にも頼れないことが一番辛かった**です。体制を整えないまま、突っ走ってやり始めたので、周りの協力もなかなか得られませんでした。最初は一人でずっと戦っている感覚で、めちゃくちゃ孤独だったんです」

カタログポイントを始めた当初は、外部の管理システムを導入していなかった。「商品が届かない」といった寄附者からの問い合わせを、黒瀬がこと細かく確認し、黙々と深夜まで働き続けた。

「季節物の取扱いもあるので、欠品が出ることもありました。コールセンターのような役割も含めて一人でやっていたので、日本一になった年は死ぬかと思いましたね（笑）」

孤独感は役所の外でもあった。平戸のふるさと納税が有名になる以前から、毎年、東京で行われている地元高校の同窓会へ足を運び、寄附者を募ったときのことだ。

「冒頭に5分くらい時間をもらって、ふるさと納税を紹介しました。2、300人集まる会で話をしても全然反応がなくて、数件の申込みしかなかったですね。説明する間も『早く飲ませろ』という空気を感じました（笑）」

しかし、風向きは変わる。圧倒的な成果はわかりやすく周囲を惹きつけた。

「日本一になってからは、反応が180度変わって、みんなが応援してくれるようになりました。結果が出ると見方が変わるんだなって、露骨に感じましたね（笑）」

民間企業への出向を市長に直談判

2016年、黒瀬は新たなチャレンジの場を選んだ。2018年4月までの1年9か月、ふるさと納税ポータルサイト『ふるさとチョイス』を運営する株式会社トラストバンクに出向したのだ。

「同社代表の須永珠代さんに、もともとお世話になっていました。一緒にご飯を食べたときに、『企業で働いたら見える世界も変わる。うちで働いてみない？』と軽く誘われたんです」

当然、誰しも不安を覚える選択だろう。しかし、黒瀬が物怖じすることはなかった。

「冗談だったのかもしれませんが、そのお誘いを真に受けちゃいました。帰ってすぐに市長のアポを取って、『民間に出向させてください』と直談判。市長も『応援する』と言ってくれて、半年後には出向していました」

本来、黒瀬は適切な決裁ルートを重んじる。しかし、このときばかりは事情が異なった。

「伝家の宝刀を抜いてしまいました。『順番が違うだろ』って、上司にはめちゃくちゃ怒られましたよ（笑）。ただ、下から上げても通らない案件だと予想していましたし、スピードも必要でした」

出向で感じた自治体のゴール設定の甘さ

出向後に携わった業務は、自らの経験を活かせるものだった。黒瀬は自治体へ向けたふるさと納税の啓蒙や、ふるさとチョイスの上手な活用法を説いて全国を回った。

「返礼品の強みや、自治体の特性、そして、寄附者の行動心理などから、その自治体が選ばれるための提案をしました」。

自治体はトラストバンクにとってのクライアントだ。同社が突っ込んだ指摘をすることが難しい場合もある。しかし、日本一を達成した黒瀬が話をすれば、その意見は受け入れられた。

慣れない民間出向についてはこう振り返る。

「**実は何も大変なことはなく、楽しかったですよ。**チームで同じビジョンを持って働いている空気感が楽しかったんです。キラキラしているというか……。役所にはそういう雰囲気があまりありませんでした（笑）」

黒瀬は変化を楽しんでいた。

「**決断スピードがとても速いため、ちゃんとアンテナを立てておかないと置いていかれてしまう。そういう感覚がたまらなく面白かったですね。**国の発信はもちろんのこと、競合企業やさまざまな外部環境に目を向けるようになりました。それと、スタッフが急速に増え、組織が成長する様を間近で見てきたので、マネジメントや組織編制などの手法がとても勉強になりました」

トラストバンクは2012年に創業し、現在、従業員数は150人を超える。人員削減圧力の高まる自治体とは対照的な環境だった。

黒瀬は役所と民間企業の違いをどう見たのか。やや辛辣な意見が返ってきた。

「民間ではゴールの設定がちゃんとされていました。それと比べると、**自治体はどんな事業をするにしても、なんとなくやっている部分がありました。**たとえば、会議の目的を明確に設定していないことや、計画書が現実的に設計されていないことも多い。徹底的に分析をした数字ではなく、『こうなったら良いな』という願望だったりします」

自身に対しても思うところがある。

「私も想いを持って仕事をしていたつもりでしたが、振り返るとすごく甘かったと感じました。もし、出向していなければ、今でも疑問を持たなかったと思うんです」

とことん真剣に公務員をやろうぜ

出向の経験は、黒瀬の内面にも大きな影響を与えた。

「人生観というか、私自身の生き方を考えるきっかけにもなりました。トラストバンクには、自分のやりたいことや、夢を実現するために転職して来る人がたくさんいたんです。それを見ていると、**『自分のやりたいことって何だろう』『自分の夢ってなんだろう』**と考えざるを得ませんでした」

やや語気が強まる。

「そもそも、公務員は転職を考えないと思うんです。市役所に入った瞬間に、勝手に60歳までの人生設計をして思考が停止。入庁時にあった夢や地域への想いがいつの間にかトーンダウンして、定年まで時間が過ぎるのを待っている。でも本当は、**僕らが地域の未来に向き合って、キラキラしていないとダメですよね**（笑）」

厳しい言葉の中にもポジティブな空気感がにじむ。

「ため息ばかりの職場では良い仕事はできません。公務員は夢を持って、前向きに働くべきだと思います。**地方に行けば行くほど、自治体は地域や市民に対する役割が大きい**わけです。だからこそ誇りを持って、『とことん真剣に公務員をやろうぜ！』と言いたいです」

2018年9月、九州まちづくりオフサイトミーティングという公務員の自主勉強会が平戸で開催された。100人を前に登壇した黒瀬は「いつまで公務員でいるかはわからない」と発言して、会場を大きくどよめかせた。そして、その言葉通り、2019年3月に黒瀬は平戸市を退職した。

公務員をやりきり、大きな成果を残した黒瀬が役所を去るのは悲しいことだ。裏を返せば、役所にしがみつくことのない黒瀬だからこそ、公務員として成果を上げることができたのかもしれない。

黒瀬啓介に学ぶ

役所でやりたいことを実現するヒント

✔ 主体的に新しい仕事へ挑戦する

誰に頼まれることもなく、ふるさと納税の可能性を信じて着手。民間企業への出向も、市長に直訴をして勝ち取ることができた。黒瀬は主体的に仕事へ向き合うことで大きな成果を残し、自身にも組織にも好影響をもたらした。

✔ 今、できることから進める

予算がなくとも「今、できること」に焦点を絞る。小さな一歩がやがて周囲を巻き込み、その行動までをも喚起する。ふるさと納税では、影響度が増していく過程で上司を動かし、新たな予算確保を実現した。

✔ 公務員である前に、一人の人間として

正直で私心がないというのは黒瀬の魅力であり武器だ。組織の立場にとらわれず、一人の人間として周囲や地域の事業者へ真剣に向き合うからこそ、深く共感できる仲間に恵まれた。

第5章

公務員・行政の可能性を信じる

#09

公務員 × 業務改善

小さな成功体験が未来を拓く第一歩

酒井直人（中野区）

さかい・なおと

1971年生まれ。中野区長。1996年中野区役所に入区。最初の職場の議会事務局で議員報酬システム、議事録検索システムなどの導入を担当し、改善の面白さに目覚める。その後、文書管理、財務会計システムなどの担当を経て、当時、電子決裁率日本一といわれた中野区役所の電子化に貢献。中野区政策室副参事（広報担当）、地域包括ケア推進担当副参事を経て、2018年6月、中野区長選挙に当選。職員時代には、市民の満足度向上を目的とした「おもてなし運動」で組織風土を変えようと9年間率先して取り組むほか、2010年に自主勉強会「NAS（Nakano After Six）」を立ち上げ、8年間毎月開催。また、自治体の枠を超えた改善運動の全国ネットワーク「K—NET」、自治体改善マネジメント研究会の立上げに参画。第1回中野区検定1級、中野区ものしり博士号取得。

２０１８年６月、東京都中野区の職員だった酒井直人は、中野区長選挙を戦っていた。選挙には、再選をめざす現職区長も出馬。自治体職員が現職、いわば元上司の対抗馬になることには大きな勇気を伴う。当然だが、負けてしまえばそこに居場所はない。

当時、小学3年生の愛する娘もいた。葛藤もあっただろう。しかしながら、酒井は信念を貫いた結果、見事に当選を果たした。ここでは中野区職員として歩んできた22年を振り返りながら、公務員の可能性について考えてみたい。

小さな成功体験が大きく未来を変えた

酒井は新卒で入庁した中野区役所において、さまざまな改善を進めてきた。

「議員の給与システム、例規検索システム、文書管理システム、財務会計システム、そして、広報のホームページ作成システム、地図情報システムなど、今、区役所で一般職員が使うものの8割ぐらいに携わりました。システム屋さんのような感じですね（笑）」

初めて改善に関わったのは中野区役所に入ってから3年目のときだった。

「区議会事務局に在籍していましたが、先輩に任せてもらいながら、議員報酬を払うシステムを変えました。確か年間200万円くらいかかっていたんですが、それが高すぎると思い、中小企業向けの給与計算ソフトを約10万円で購入しました。しかも、買い切りだったので、ランニングコストはかかりません」

コストは大きく削減されたが、業務にマイナスの影響は出なかったのだろうか。

「ソフトを導入したことで作業もラクになりました。以前のシステムは手動で例外対応をしなければいけないことが多かったのですが、そういったことが不要になりました。また、古いパソコンを使っていたので計算するのに1時間かかっていたのが、新しい給与計算ソフトでは3秒くらいで終わっちゃう。今までなんだったのか、と思いました（笑）」

酒井は当時は珍しかった、議会の会派控室へのネット回線の導入も進めた。こうした経験によって、次第に改善の意義を強く感じるようになっていった。

「役所ってとんでもなく無駄なことをやっているんだと気がつくようになりました。でも、それは裏を返すと、**いろんな業務に改善できる余地があるということ。つまり、宝の山があると思ったんですよね**」

早稲田大学大学院の法学研究科を修了した酒井は、役所に入ってからも司法試験の勉強を続けていた。弁護士をめざしていたからだ。ところが、若手時代の小さな成功体験が、未来を大きく変えることになった。

「役所の仕事が面白いと感じて、司法試験の勉強をパッと止めてしまいました。それからは役所の仕事に没頭することになりました」

システム導入と同時に規程を改定

2003年、酒井は法規担当として条例規則の制定や訴訟を担当していたが、区に文書管理システムの導入を進める動きがあることを知った。

「プロジェクト型の仕事は負荷が大きいので、好んで関わりたい人はいませんでした。でも私からすると、『なんて面白そうな仕事なんだ』と思ったんです。そこで、手を挙げて隣の文書担当係に移り、その後、行政文書を電子化。電子決裁を導入しました」

単なるシステム導入にとどまらず、決裁のあり方そのものにもメスを入れた。

「役所は決裁を回すときに、10個以上のハンコがいるんですよね。部長決裁の場合は、自分の係長と課長、隣の部の課長、隣の部の部長、隣の隣の部の部長とかって延々とハンコを押していく。簡単な決裁でも1～2週間かかるんですよ。そういうのを見て『何をやっているんだろう』と思っていたんです」

押印権者が増えることによって、一人ひとりの責任は薄くなる。酒井は事案決定規程を見直し、大きく権限移譲を進めた。

「従来は、鉛筆1本買うのも課長が決裁していたんです。まるでアリバイづくりですよね。そこで、担当者が起案して係長がハンコを押せばおしまいにしました。**課長は施策の方向性を固めてマネジメントするのが仕事ですから、いちいちすべての予算執行をチェックする必要はない**と思ったのです」

当時、酒井はヒラの職員だったが、課長からの信頼も厚かった。「責任は私が取るから、なんでも好きにやっていい」と言わしめるほどだった。

電子決裁システムの次に、財務会計システムの導入に取り組んだ。

「まだ、紙の伝票を使っていた時代だったんです。鉛筆を1本買ったら100円、消しゴムを1つ買ったら50円、と帳簿をつけていたんですよ。年間で600枚近い伝票を処理していましたが、最初のほうで計算を間違えると、600枚すべてに修正が必要になったりする。アホみたいでしょ。財務会計システムの導入を早くやらなきゃと思ったのは、電子システムを使えば、間違えたところを直すだけで全部自動で計算してくれる。すごく効率化できるんですよね」

笑顔で明るく言い放つのが、なんとも酒井らしい。

「実は、もともと区の計画では文書管理システムより先に、財務会計システムを入れることになっていたんです。ところが、その順序が逆になり、文書管理が先に終わりました。とても苦労して文書管理を進めたのに、財務会計システムが全然終わりそうもなかったことにちょっと頭にきたんです。そこで手を挙げて、次は情報システム課という部署に異動しました。おそらく、同僚からはうるさい奴が来ると、疎まれていたと思います（笑）」

「変えられるもの」と「なくせるもの」を精査する

当時、財務会計システムへの移行は予定より2年遅れていた。酒井はもちろんのこと、組織内にも危機感があった。しかし、大きな改善になればなるほど調整は難しくなる。それでも酒井は目の前の業務から逃げることはなかった。

「我々は本来、組織全体を見なければいけません。**特定の所管で多少手間が増えても、**

組織全体では圧倒的にメリットがある場合もあります。そうしたときに、粘り強く所管を説得するのがとにかく大事です」

ときに、所管課から呼び出されることもあった。

「『お前は俺たちの仕事をわかってないから1日ここで仕事しろ』と言われて、その部署の仕事をやらされたこともありました。もともとは初日は私が行って、2日目は係長が行く予定でした。ところが、1日目に私がしおらしく一生懸命やったので、翌日に係長が行く必要がなくなりました（笑）」

改善を進める中で、つらいことも数多くあった。

「他の職員が私を見る目が怖くなったんですよね。『また仕事変えやがって！』『システム化なんか必要ない！』とか言う人がいっぱいいました。インターネット掲示板の2ちゃんねるで叩かれたり、当時すごく嫌な思いもしました。『どいつが書いたんだろう』と、疑心暗鬼にもなりますよね（笑）」

仕事のできる者は、総じて物事の本質をシンプルに捉える。酒井の改善へのアプローチも実にシンプルだ。

「重要なことは根拠法令や規程を徹底的に分析し、『**変えられるもの**』と『**なくせる**

もの』を精査することです。役所内で決めた規則がある場合はそこも改善の対象にします。根拠を詰めていかないと、所管部署はやりません。

一方で、所管にとってのメリットを示すことも必要です。**理詰めで相手をやっつけても話は進みません。**ましてや、『区長が言っているからやるんだ！』と伝えても、同僚や部下は動かない。私自身が進めるべき理由を腹落ちさせたうえで、『一緒にやろうぜ！』という雰囲気をつくらないといけないんです」

その境地に達するまでには、一定の月日を要した。

「正直言って、昔はイケイケドンドンで行動して、いろんな人とぶつかりました。でも、それでは物事は動かないと思い直して、人間変わりましたね。生意気だったことで痛い目にあって、深く反省しました。本当に悔い改めたんです（笑）。

他人と過去は変えられないけど、自分と未来は変えられるってよく言うじゃないですか。まさにそのとおりなんです。**対話によって政策を考えられる組織にしたい**と思ったら、まず自分が率先してやらなければダメですよね」

相手を論破するのではなく、心の壁をいかに取り払うのかを意識するようになった。考えが変わると行動も変わる。

「導入ハードルを下げるために、庁内でシステムの使い方を説明する講師を何十回も務めました。その狙いは『実際に使ってみたら、超簡単だ！』と思ってもらうこと。そう思ってもらえたら、導入が進むじゃないですか」

組織全体に改善の風土を根づかせる

酒井は、2004年に中野区役所で始まった「おもてなし運動」を牽引した。これは、顧客満足度向上を目的に、役所目線ではなく区民目線で行政サービスを見直す活動だ。実行を担う「おもてなし推進委員」が募集されたが、酒井はここでも手を挙げた。

「最初は、区民とじかに接する窓口系の領域から始まりました。言葉遣いや服装を改め、区役所の中の案内をわかりやすくしたり、区民が申請する手順を簡略化するといった、業務フローの見直しも含まれます」

酒井のように自ら手を挙げて委員になった者以外は、毎年、各部署の推薦で入ってくる。はじめは温度差もあるが、役所のめざすべき姿と現状、具体策を語り合いながら、少しずつ仲間を増やしていった。

「委員として活動した仲間は、毎年一定数が卒業していきます。何年か経つと、やがて、卒業生が各部署で改善の中心的な役割を担うようになっていきました。部署をまたがるような改善を行おうとしたときも、『卒業生に声をかければ話が早い！』なんてこともありましたね」

酒井はおもてなし推進委員を9年間務めた。

取組みを進める過程で見えてくる課題もあった。管理職の中に、「自分の部署に改善は必要ない」という意識を持っている者も存在した。そこで、課長職を改善運動の責任者として、業務フローに組み込んだ。

「年度始めに管理職が年間の経営戦略を立てるんです。その際、自部署の改善運動で取り組む内容を、具体的に書いてもらうようにしました」

長期計画に沿って管理職が改善の責務を負う。これは、組織内において、改善の風土を根づかせるために有効な手法だろう。

「改善は『終わりなき航海』のようなものです。一度改善をしても、また次の課題が現れる。だから、常にやり続ける必要があるんです。トヨタの改善方式って風土になっていますよね。中野区でも風土として根づかせていく必要があるんです」

公務員は不作為病にかかっている

職場で嫌われてまで、なぜ酒井は改善を進めたのだろうか。

「税金を預かっている身としては、目の前で非効率なものがあったり、無駄使いがあったらまずいと思うじゃないですか。最大のパフォーマンスで応えて、区民に『お得感』がないといけないんです。**『この給料でここまで働いてくれるの？』って思わせたい**ですよね」

「住民満足度」といった言葉を耳にすることはある。しかし、公務員が「お得感」と発する姿は衝撃的だった。

「役所ってどこか甘いんですよ。民間だと頑張らないと会社が潰れたり、部署がなくなりますよね。でも、**役所は潰れないと思っている。その向き合い方ではもうダメ**なんです。自分が妥協すると、結果的には住民が損をすることになるんです。

公務員は不作為病にかかっていると思います。**確かに公務員が失敗したら叩かれます。**でも、**本当はやらないことによる損害のほうがものすごく大きい。**目の前に課題があるのに後回しにすると、その損害がどんどん大きくなっていくんです」

さらに熱を帯びて、酒井はこう続ける。

「**システム導入をすれば、コスト削減できることなんて、わかりきった話じゃないですか。でも、全国ではまだまだ進んでいないところも多いんです。**頑張って改善をするだけで年間何百万、何千万という税金の無駄使いがなくなる。3千人の職員が、1日1時間仕事を削減できたら、毎日3千時間の改善になるじゃないですか。

財務会計システムの導入では1日かかっていた例月の支払いが、約30分で終わるようになりました。おおよそ500人の職員がシステムを使っていたと見積もると、毎月約500人日分、年間では6千人日分の削減です。人件費を考えたら、年間2億2500万円ほど浮くことになるんです」

酒井は業務改善にやりがいを感じるあまり、庁外でもその活動に取り組んだ。

「2006年には、全国の自治体が優秀な改善事例を共有する全国都市改善改革実践事例発表会の第4回として『改船なかの20丸』を開催しました」

2010年には、改善運動に取り組む自治体職員が情報共有を行うネットワーク「K—

NET」を、山形市の後藤好邦、尼崎市の立石孝裕らと立ち上げた。物理的な距離は離れていても、メーリングリストを通じて価値ある意見交換がなされた。

その後2013年には、K－NETの有志らと、改善の実務論を学ぶ「自治体改善マネジメント研究会」を設立した。

役所は職員のモチベーションまで考えなければならない

区長となって10か月ほど経った2019年3月、再び酒井に会った。課題が山積する中で、初の年度予算編成という苦労もあっただろう。それでも、以前と変わらない快活な笑顔を交えながら、人事政策へのこだわりを語った。

「4月以降、部長級には50代前半の3名を起用します。もちろん、50代でも若くないといわれるかもしれませんが、今までの中野区ではなかったことです。また、2019年の仕事始めとして、1月4日には『目指すべき中野区職員の姿』というものを明示しました」

目指すべき姿には、酒井自身が職員時代から大切にしている5つの指針が掲げられている。

「前例にとらわれず、自ら主体的・自律的にスピード重視で取り組む」

「地域に飛び出して、多様な人々と積極的に関わり、信頼関係を築く」

「多様な地域の人材をコーディネートして、地域の課題を解決する」
「日本国内はもとより世界の先進事例にも目を向け学ぶ」
「客観的データや合理的根拠等のエビデンスに基づいて政策を立案し、効果を検証して仕事を進める」

社会変化が急速に進む中、これからの職員に必要なエッセンスを凝縮した。今後、人事評価制度や研修制度もこの指針に合わせてつくられていくという。

実は、酒井には歯がゆい経験があった。それは、選挙で役所の人事政策に触れても、住民の心には響かなかったことだ。

「職員のモチベーションは、そのまま区政のパフォーマンスの良し悪しに直結します。これからの時代、役所は組織として、そこまで考えていく必要があるんです」

個人のモチベーションは組織を強くする。企業ではこの理解が広がるが、離職率の低い自治体では、未だにモチベーションが重要視されているとは言い難い。

目の前の仕事を徹底することは、回り道ではない

やりたいことを実現するためのヒントを尋ねると、酒井はこう応じた。

「管理職でない場合は、**『役所の外に出て行って、外から組織を見てほしい』**と伝えています。私自身は外部で急激に活動をし始めたのは10年目で、それによって自分の組織の問題点に気がつくことができました。それまでは自分の目の前の仕事を一生懸命行うだけで、組織のことはわかりませんでした。

ただ、**若いときに目の前の仕事を徹底することは、決して回り道ではなかった**と思います。まずは目の前の仕事で成果を出す。そして、他の自治体職員のノウハウを参考にしながら、また目の前の業務を改善する。そうやって**本業の力を蓄えながら成果を出すと、周囲から認められるようになります。そうなってから、今度は広い視点で組織課題を見つけてほしい**ですね」

人材開発へのこだわりは人一倍ある。それはライフプランにもしっかりと組み込まれていた。

「実は、自分が70歳になるまでは、政策をつくれる自治体職員を増やしたいと考えています。ただ、70歳になったら焼きとん屋をやるというのは決めているんです（笑）」

酒井は愛嬌たっぷりに言葉を紡いでいく。

「中野というまちで、地域の人と一緒にまちづくりに取り組み、盛り上げることができるのは本当に楽しいです。**『こんなに楽しいことをさせてもらっているのに、給料をもらっていいのか』**といつも思いますね（笑）。

どんな立場であれ、自治体で働けることはとても幸せなことだと思います」

幾重にも重なる成功体験が、とてつもなく遠くへと酒井を導いた。小さな成功体験を積むのは決して難しいことではない。目の前の仕事を徹底すれば、誰であっても実現できることだろう。しかし、小さな成功体験を侮ってはならない。なぜなら、その成功体験こそが、すべての可能性を切り拓くための大いなる第一歩だからである。

酒井直人に学ぶ 役所でやりたいことを実現するヒント

課題解決を楽しむ

酒井は、役所には多くの無駄があり、それこそが宝の山であると考える。どの組織にも課題は存在する。課題を発見したときに、それを前向きに捉えるか、それとも、後ろ向きに捉えるかによって仕事の成果は変わる。

情報を発信することで、情報が集まるサイクルをつくる

酒井はまず自らが成果を上げ、その事例を広く共有した。情報を発信する者には情報が集まる。その好循環がさらに大きな成果を生んだ。

小さな成功体験が大きな成果へとつながる

酒井が次々と大きな改善を続けることができたきっかけは、入庁3年目に議員給与システムの改善を実現したことだった。成功体験は人に前進する勇気を与える。小さな成功が積み重なることで、やがて大きな舞台を託されることとなる。

COLUMN 4

公務員にしか救えない人がいる

熊谷俊人（千葉市長）

「将来、子どもに就いてほしい職業」の圧倒的1位は常に「公務員」。そして、それを紹介するニュースは常に「安定がいい」という切り口だ。「公務員は、やっぱり魅力的な仕事ですよね」とは決してならない。

しかし、私は声を大にして言いたい。

世の中のすべての人が「公務員になりたい」と思ったとしても不思議でないほど、公務員はやりがいがある、と。

私は民間企業も経験した。そして、今まで市長として職員とともにまちづくり・ひとづくりに取り組んできたが、行政の仕事は本当に面白い。**こんなに誇れる仕事を、公務員は独り占めできるのだ。**

確かに公務員は大変だ。利用者は選べず、すべての住民がお客様だ。住民からも、議会からも、メディアからも、批判の対象とされやすい。心が折れそうになることもあるだろう。前例主義・横並び主義の組織の中で、**自分の思いが実現できず、もどかしい思いをしている人もいるはずだ。**

しかし、**公務員にしかできない仕事がある。公務員にしか救えない人がいる。**まちをつくり、ひとを育て、未来をつくる。**一度きりの人生を賭けるに相応しい仕事**だと言っても決して過言ではない。

公務員が変われば、日本は変わるのだ。

#10 公務員 × モチベーション

公務員の志が、世の中を変える

脇雅昭（総務省・神奈川県）

わき・まさあき

1982年生まれ。2008年に総務省に入省。入省後に熊本県庁に出向、2010年に本省に戻り、人事採用、公営企業会計制度の改正を行う。2013年から神奈川県庁に出向し、県民局国際課長、自治振興部市町村課長等を経て、2019年6月から、政策局未来創生担当部長兼政策局知事室政策調整担当部長。地方から総務省に出向し、激務に追われていた地方公務員の姿を見て、何か力になれないかと思い『よんなな会』を主宰。官僚と47都道府県の地方自治体職員が参加する数百人規模の交流会を渋谷ヒカリエ、吉本興業東京本社、虎ノ門ヒルズ、丸ビルホールなどで開催。国や自治体同士がしなやかに連携できるよう、公務員間のつながりを草の根で広げている。

「公務員が今より１％でも力を発揮できると、世の中はもっと良くなる」と声を上げるのは、総務省から神奈川県庁に出向している脇雅昭だ。脇は公務員向けのイベント「よんなな会」を主宰。全国規模の公務員ネットワークを構築し、圧倒的な存在感を放つ。

よんなな会は年に２、３回開催されるが、特に２０１７年２月に開催されたよんなな会は鮮烈だった。衆議院議員の小泉進次郎と脇が対談を行い、５００人を超える公務員が集まった。過去のよんなな会では、内閣総理大臣秘書官、復興庁事務次官などを歴任した岡本全勝、現職の金融庁長官である遠藤俊英、元金融庁長官の畑中龍太郎らが登壇した。

ゲストの属性は政治行政に限らず多岐にわたる。公益資本主義推進協議会最高顧問の原丈人、お笑い芸人のキングコング西野亮廣、日本アカデミー賞優秀監督賞を受賞した映画監督の田中光敏らも名を連ねる。

自治体職員への恩返しとして「よんなな会」を開催した

よんなな会は脇のプライベートの活動だ。しかし、日本全国で働く公務員のモチベーションに大きく貢献している。

「47都道府県の地方公務員と、中央省庁で働く官僚をつなげることを目的として、よんなな会を開催しています。官民問わず志を持って活躍している方に講演してもらい、良い空気感が流れた環境で参加者同士が出会うことによって、新しいネットワークが生まれればと思っています」

よんなな会は大規模なイベントを過去15回開催し、延べ5千人以上が参加した。一度に数百人単位の公務員が全国から集まる一大イベントとなっている。

脇がよんなな会を始めたルーツは、新卒1年目までさかのぼる。出身地・宮崎県のおとなり熊本県庁で、自治体の業務を実践しながら学んだ。

「総務省に入った2008年に、熊本県庁に出向しました。財政課で働かせてもらったときに、警察の400億もの予算を、同じ部署の人たちと身を削りながら査定したんですね。本当に大変な中ではありましたが、県庁の皆さんから地元の祭りに誘ってもらったりして、多くの市民を紹介してもらいました」

熊本という地で友人の少なかった脇には、とてもありがたかった。

社会人3年目に総務省へ戻ると、自治体からの出向者に目が留まった。

「地方から総務省に来ている方たちが、土日も休まずに仕事をしているのを見て、『熊本県庁時代の恩返しができたらな』って思ったんですよ。知り合いもいない中、地元からわざわざ家族を連れて来たりしているわけじゃないですか。そういう人たちに喜んでもらえる場づくりをしたかったんです」

その想いによって、よんなな会は第一歩を踏み出した。

「初開催は９年前だと思います。そのときは大体60人くらいの参加でした。自分の周りにいた人たちと一緒に始めて、渋谷の殺風景な会議室で開催したんです。参加したのは、自治体から国へ出向している人、そして、国家公務員の同期や後輩たちでした」

熱量が仲間をつくる

次第によんなな会には多くの参加者が集うようになる。

「開催するたびに良かったと言ってもらえるようになっていったんですね。ただ、仕事が忙しくなって、僕のテンションがすごく下がったときに、一度、開催を中止したんです。僕が『やる』って言えばやる、『やめる』と言えばやめる。そんなものに価値があるのかなと感じました。**本当に価値があれば、僕がいなくなっても回り続けますよね。**結局、当時のよんなな会は、僕の周りの人だけが楽しくなるものでしかなかったんです。だから、このタイミングで方向性を変えて、各都道府県で誰かに幹事役をやってもらうようにしました。その目的は、僕が知らない人に来てもらえるようにするためです」

公務員がプライベートで主催するイベントで、全都道府県の幹事が存在する。冷静に考えると異様な状況だ。

「幹事をやってもらうには、まず、よんな会を面白いと思ってもらう必要があると考えました。人を動かすには熱量が必要ですので、幹事に自分の言葉でよんな会の魅力を語ってもらえるようにしたかったんです。**『全国の公務員が集まる、ムチャクチャ面白い会があるから来てよ！』と誘ってもらえれば、熱量が伝播していきますよね。**そう思って、幹事会を1、2か月に一度開催するようになりました」

熱量が伝わった先は公務員だけではなかった。2015年に起業家が主催した会で、当時、外資系コンサル企業で働いていた鈴木陽平に出会う。鈴木はよんな会のビジョンを聞いて「世の中が変わるかもしれない」と直感した。すぐさま運営に参加した鈴木は、リクルート社の投資部門を担う星本栄卓を脇に紹介した。星本が初めて脇と会った場所は恵比寿のカフェ。当初はイベントの手伝いから始めたが、脇の考えるビジョンを実現するには、支える人がもっと必要だと感じて、運営にも参加するようになった。この後にも協力者は増え続け、今では、よんなな会の運営に関わる民間人は20名を超える。

鈴木と星本が口をそろえる脇の魅力は、人を動かす卓越した能力だ。そもそも、公務員が民間人を巻き込んで、公務員向けのイベントを開催する例はほとんどない。会を運営する中でも、星本が感化される場面が多くあったという。

「脇さんは目の前の小さな課題に全力で向き合い、常に『できる方法』にフォーカスしていたんです」

脇は人を動かすことに長けているが、自由勝手にふるまうタイプではない。一人ひとりの心情を汲み、その機微にも敏感だった。

「ある会で、登壇するゲストにめちゃくちゃいい話をしてもらったときに、ちょっと、こっぱずかしいというか、参加者側が受け入れられていない感じがしたんです。当時は会場が殺風景だったりして、話を受け入れやすくする雰囲気を醸成できていませんでした。

それから場をつくる人間は雰囲気づくりまで本気で考えなくちゃいけないと強く感じて、会場の照明に気を使ったり、音楽をかけるようにしたり、オープニングムービーをつくったりしました。今でも常に学びながら試しているんです」

忙殺されている公務員が志を高めることのできる場

２０１８年2月には、よんな会の関連イベントを、脇以外の誰でも主催することができるようにした。その結果、全国各地で年間75回もの「よんなな」と名のつくイベントが開催された。

「みんなに使ってもらえるようにしたことで、すごく広がりが出た気がします。**よんなな会という、にゅるっとしたゆるい雰囲気の中で、広く横のつながりをつくってほしい。**全国に届けるには、僕が開催するだけではダメだと思っていました」

驚くべきことに、脇はこの75回すべてのイベントに参加している。

よんなな会という冠を解放するにあたり、葛藤がなかったわけではない。

「ブランドの価値を気にして、みんなに使ってもらうことをためらっていたんです。でも、よんなな会自体が全国に広まってもいないのに、それって何様なのかと思いました（笑）。**全国でみんなに使い倒されて、地元を思う人が集まる場ができるほうが良い**ですよね。だから、やりたいと手を挙げた人を幹事にして、一生懸命応援しました」

その過程で新たな発見もあった。

「よんなな新潟会という会が開催されたんですが、2次会でカラオケ屋を貸切にしたんですね。そこでは、みんなが通路で話をして、お互いもっと話したかったら個室に入っていくんです。みんながより仲良くなれる仕掛けがありました。今までのよんなな会にはない光景で、まだまだよんなな会の運営にも可能性が残されていると感じました」

会が拡大していくきっかけとなる、大きなターニングポイントも経験した。

「よんなな会を運営し始めた頃、将来について深く悩んだ時期がありました。そんなときに父が死んだんです。そのときに人生には限りがあることを実感しました。『死』を見たときに、逆にすごく『生』を感じて、このままだとそのうち死ぬなって思ったんです（笑）」

悩みを振り切れたのは、具体的な行動によるところも大きかった。

「思いついたことをやると、また次にやりたいことが出てくるんです。そうすると、バーッと視界が開けて、ワクワクする世界がどんどん広がっていきました。**直感って、ゼロから生まれるものじゃなくて、今まで生きてきた経験から培われていると思う**んです。自分の中で言語化できていなくても、思いつくことはやらなくちゃいけないことなんだと考えています。実はよんなな会も全部、直感で進めています。正直、後づけで論理的に説明しているだけなんです」

脇はこの先、よんなな会をどうしていきたいのだろうか。

「全市町村の人や想いがつながる場にしたいんです。**日本って本当は一括りにはできないデコボコなモノ**なんですよ。神奈川県も周りから見れば横浜のイメージが強いですよね。でも、県の西側に行くと、宮崎出身の僕が何か懐かしい田舎の匂いがするわけです。もう1つは、悩んでいる公務員に頑張ってもらえる場にしたいと思っているんです。使命感がある人ほど、悩んでいることも多いんですよね。参加した人から『上司とそりが合わないんですが、もっと頑張ってみようと思いました』とか『公務員は安定でいいよねと言われて悲しかったけど、頑張ろうと思いました』って言ってくれる人もいる。そういう人を増やしていきたいですね」

意外にも、脇が本当に参加してほしいのは、志の高い公務員ではないという。

「仕事がめちゃくちゃ忙しい人たちに来てほしいんです。そういう人に来てもらって、公務員になった理由に立ち返れる場をつくりたい。**目の前のことに追われちゃっている人たちが、志を高めることができる場であることが理想**なんです」

安定と言われる公務員だからこそチャレンジする

脇は自らの仕事について、あまり多くを語らない。職場で脇はどう思われているのだろうか。かつて脇の部下であった弁護士の水谷はこう評する。

「脇さんはよんなな会などのプライベートに注目されがちですが、業務面でも魅力的な方です。私がともに働いて驚いたのは、その目的意識の高さでした。まず、**議論を事業の目的から突き詰め、それが時代に合わないものだと根本から見直し**ます。そして、『落とし所』のような安易な妥協を許さず、担当者に**明確なエビデンスを要求**するんです。至極当然なことのようですが、これを実践できている行政官はほとんど存在しません」

脇は２００８年に総務省に入庁後、熊本県庁に出向。２０１０年に総務省に戻り、採用担当を経て、２０１３年から神奈川県庁に出向している。

「神奈川県に出向した当初、広域連携課で他の自治体と調整を行いました。たとえば、排気ガス規制を神奈川県だけでやっても、神奈川県を迂回されてしまうだけですよね。そうしたときに、関東全体の取組みとするような働きかけをしていました」

関係者の利害を調整し、同じ方向に向けて歩を進めていくことは、脇が得意とするところだ。翌年には国際課に配属され、その後は国際観光課でインバウンドを担当した。この間、民間との連携も数多く進めた。

「わかりやすい事例だと、ベトナムのH．I．Sで働いているベトナム人の方に、神奈川県庁で働いてもらったんです。しかも、給料はあっちに持ってもらっています」

なぜ、そんな事態が起こり得るのだろうか。

「僕は海外に行ったことが1回しかありませんでした。それが突然、国際観光課長になったので、1、2か月に1回ずつ、プライベートで海外に行くようにしたんです。旅を続けるうちに、ベトナムでH．I．Sの支店長さんと出会いました。話を聞くと、彼らは現地国籍の社員のモチベーションを重要視していたんですね。そして、**『優秀な人材は日本の行政で働ける』と言うことができれば、社員のモチベーションを高めることができる**。そこで、社員研修として県庁に人を送ってもらっているんです」

現在、この仕組みは、他の都道府県でも始まっている。国の視点を持つ脇としては、他自治体に波及したことが嬉しかった。

「ベトナムの人が神奈川に住んでくれたら、神奈川のことが好きになりますよね。いずれ彼らが国に戻って、現地で旅行業の仕事をするわけじゃないですか。それって日本のインバウンドにとっては、最高の味方になると思うんです。**日本の観光を日本人が推すのではなく、ベトナムの人に伝えてもらうからこそ価値がある**んです」

２０１８年4月に脇は部長に昇進し、現在は政策局未来創生担当部長兼政策局知事室政策調整担当部長を務める。神奈川県の一般行政職員は８２２１人（２０１８年4月1日時点）にのぼる。そのうち部長級は82人、局長級は58人しかいない。脇は高い評価を受けて、弱冠36歳にして部長職を担う。これは総務省から出向するキャリア官僚とはいえ異例だ。

「仕事にはとことん本気です。政策を実現させるためにできることは、何でもすべてやっています。公務員はできない理由をつくることもできちゃうんです。でも、**選挙で選ばれた未来の選択肢に対して、僕のちっぽけな公務員の経験で『できません』というのは、そもそもおこがましい**と思っています」

できない理由ではなく、できる方法にフォーカスする。

「めざすべき未来に向けて、僕ら公務員ができる方法を考え、全力でコミットするのは当たり前ですよね。今の時代は『課題があるからできません』ではなく、**その課題を頭に入れたうえで、どう実現するかを考えなければいけない**と思うんです」

公務員に期待される働き方は、時代の変化の中で再考を求められている。

「今は個人が地域や日本のためにできることも増えています。公の担い手はもはや『官』だけではありません。そんな時に、**安定と言われる公務員だからこそ、リスクを取ってチャレンジしていきたい**と思います」

公務員がカッコイイと思われる世の中をつくりたい

メディアからも大きな注目を集める脇だが、自己顕示欲めいたものは感じられない。

「**他人から認められたいとは全然、思っていません（笑）。でも、ある意味では超エゴだと思っています。**僕は世の中がハッピーになるのが究極に好きなだけ。それは自分のためなんです。だって、ありがとうって言ってもらったら、超嬉しくないですか？」

屈託のない笑顔が弾ける。

「**公務員は世の中にとって本当に大切なことを、仕事を通じて実行することができます。しかも、お金までいただいているんです。**そんなことができるって、最高ですよね」

脇にとって公務員は天職かもしれない。だからこそ、脇は公務員の可能性を信じることができるのだろう。

「全国に公務員は330万人います。その**公務員の志や能力を1％上げることができれば、世の中はもっと良くなる**はずなんです。だから、僕は公務員が目の前の仕事に向き合うきっかけをつくりたい。それによって、公務員の価値を最大化したいんです」

その先にはまた次のゴールがある。

「公務員がカッコイイと思われる世の中をつくりたい。世の中的に公務員って、ちょっと悪いイメージですよね。怠けているイメージ（笑）。そういう状況だと、この国を良くしたいと考える、若くて想いのある人から、公務員という選択肢が消えてしまいます。結果として、『9時5時最高！　安定最高！』という人たちだけが行政に集まってくるんです。そうならないためにも、**全国で頑張っている多くの公務員には、もっと世の中に出て称賛を浴びてほしい**んです」

役所では、出る杭が打たれる風土が今もなお残っている。しかしその一方で、個性を発揮して頭角を現す公務員が全国で生まれるようになった。今、公務員は個が活躍する時代への過渡期にあるのだろう。

脇雅昭に学ぶ 役所でやりたいことを実現するヒント

ポジティブにふるまう

物事が動く背景には、人の心の動きがある。脇は他人の心の機微を敏感に汲み取りながら、ポジティブなコミュニケーションで周囲を巻き込む。人はワクワクするような気持ちのいい空気感に集まる。

できない理由ではなく、できる方法を考える

挑戦を避けるために、できない理由を探すのは簡単だ。だからこそ、挑戦することと、挑戦する者の価値は計り知れない。

公務員の価値を信じる

自分自身を信頼していなければ、一歩目を踏み出す勇気は生まれない。全国の公務員は世の中の幸福度に大きく影響する重責を担う。公務員はもっと自らに誇りを持つべきだろう。

第6章

常識・前例・慣習を打破して、公務員像をアップデートせよ！

これまで紹介した10人は、各分野で高い成果を上げた。しかし、その裏には、さまざまな困難や苦悩があったことも、ご理解いただけたと思う。

あえて単純化すれば、彼らに共通するのは、**役所における「常識・前例・慣習」という3つを打破し、自らが行動・挑戦できる環境を生み出した**ことだ。

そこで本章では、組織において個人が挑戦する際の障壁について概観するとともに、この「常識・前例・慣習」というキーワードから、現状に悩みを抱えている読者の皆さんが、自らの力を存分に発揮するためのヒントをお伝えしたい。

公務員による公務員バッシングという不思議

これまで多数の活躍する公務員を取材してきたが、ほとんどの公務員が取材を受けるにあたり、**所属組織からの目に見えない圧力**を感じていたように思う。上司や同僚の目を気にして、発言の一言一句までこだわる者も少なくなかった。正直なところ、この圧力の正体が何なのか、はっきりとはわからない。**あるときは慣習、あるときは嫉妬、そして、あるときは正義**のような意味合いすら感じることがある。

ただ、間違いなく言えることが1つだけある。それは、この**圧力が公務員全体にとって、不幸を招いている**という事実だ。最近でこそ、活躍する公務員がメディアに出る機会が増えた。しかし、従来はそれがはばかられ、結果として、公務員を金太郎飴のような抽象的存在にせしめた要因にもなった。顔の見えない公権力の監視として、あるいは、打ち返すことのないサンドバッグとして、**公務員バッシングの隙を与えた面もある**だろう。

しかし、見方を変えれば、今の状況を逆手に取ることもできる。公務員という存在が、あまりにも抽象化されすぎたため、**一人ひとりの公務員が社会的評価を受けることによって、全国330万人の公務員の評価も連動して高まる**ようになった。当然だが、**市民がメディアを通じて思い描くのは、一人の登場人物ではない**。実際に、私は一人の公務員が書いた書籍によって、公務員全体のイメージが変わった。**公務員による公務員バッシングは自らの首を絞めている**のだと自覚し、即刻、改めるべきだろう。

「公務員は黒子であるべき」という考え方もあるが、それは、これからの時代にはそぐわない。少子高齢化などによって地域が苦境に立たされる中、コミュニティを再構築する必要もある。顔の見えない黒子と、腹を割って話したい住民などいるのだろうか。**「公務員は黒子であるべき」という思い込みが、打破されるべき「慣習」の実例**だとも言える。少なくとも、多くの住民が公務員に求める本質は黒子であることではない。

人事制度は語る――公務員は今も昔も「駒」である

活躍する公務員が疎まれる理由と背景は、過去をさかのぼることで見えてくる。昨今では、働き方改革という言葉を頻繁に聞くようになったが、それを主導すべき役所が職員を「駒」のように扱っているのではないかと思うこともある。実は個としての職員を重視しない姿勢は、官民の人事制度の変遷からもうかがえる。

高度経済成長時代においては、官民問わず、**個人は組織のやりたいことを実現するパーツ**として、組織に組み込まれた。しかし、民間企業の多くはやがてその考えを改める。従業員の個の力に着目し、1980年代には概ね、そのポリシーが人事制度に反映されていた。最も如実にそれを表すものは、**年功序列の人事給与制度から能力給・職能給に移り変わったこと**だ。

さらに、2010年代に入ると民間企業はさらなる変化を遂げていく。昨今では、職務内容・役割によって処遇を定める、職務等級制度・役割等級制度へと移行を進める企業が増えている。民間企業は時代の流れに即して制度を刷新しているのだ。

その間、自治体の動きはどうだったのだろうか。まず、２０００年を迎えるまで、自治体の置かれている環境は民間企業と決定的な違いがあった。**機関委任事務と呼ばれる、国の下請けのような役割を果たしていた**からだ。それまで自治体の役割の多くは、決められた仕事を誤ることなく処理することだった。その環境下では、活躍する個としての公務員は求められず、むしろ輪を乱す害悪にすらなり得る。

やがて、２０００年4月の地方分権一括法の施行によって機関委任事務が廃止され、国と自治体の関係が対等なものとうたわれるようになった。そして同時に、**地方公務員はクリエイティビティを発揮し、住民サービスを向上させることを求められるようになった。**

しかし、人は急激な変化に弱い。従来の仕事とは異なる能力を要するため、20年、30年と自治体の業務をこなしてきた当時の管理職にとって適応するのは容易ではない。結果として、個人がクリエイティビティを発揮できる環境が用意されることはなかった。

報酬や評価を含めた人事制度は今もなおお手つかずだ。**人事制度は組織の目標を達成するために、どのような人材を欲するかという最大の意思表示**である。ところが、多くの行政組織において、時代の変化に合わせた抜本的な制度改革は行われていない。

団塊世代の大量退職に伴い、昇任の時期が早まる役所も増えてきた。しかし、依然として年功序列の報酬体系は変わらない。その結果、「責任が増えるだけだ」と、管理職への昇任を避ける職員も少なくない。

希望を持てる好例として、2014年に全国で唯一、年功序列の給与制度を改めた箕面市の存在がある。しかし、5年以上を経た現在でも、同市に追随する役所は存在しない。年功序列の給与制度は、職員に対して強力な均一性を強いる。それは、**頑張る職員であっても、頑張らない職員であっても、単なる1つの駒である**と宣言しているに等しい。

しかし、その状況にありながらも、全国には活躍する公務員が多数存在する。本書で紹介した10人はあくまでその一例だが、彼らが打破した、「常識・前例・慣習」について、紐解いていきたい。

「常識」を疑え――非常識な取組みに耐え得る「信頼残高」を獲得せよ

しばしば、「公務員の常識は世間の非常識」などと揶揄される。その多くは公務員バッシングの常套句であり、明確な根拠なしに使われることも少なくない。しかし、経験年数を重ねるごとに、次第に役所特有のルールや意識に染まっていくこともまた事実だろう。これは、役所に限ったことではない。どんな組織にも特有の常識があり、時間が経てば経つほど、日々行われている業務に疑問を持たなくなる。

慣れというのは恐ろしい。活躍する公務員には「**異動直後に湧き上がる違和感を、漏らさず記録すべき**」と話す者も多い。

また、常識という言葉にまつわる事象で、他にも注意すべきことがある。先にも触れたが、役所の中では常識を打破したイノベーティブな取組みを、冷ややかに見る傾向が強い。たとえば、第1章で紹介した山田崇（塩尻市）と井上純子（北九州市）のような取組みは、特に批判にさらされやすい。**個人がフォーカスされる華やかな取組みに対して、役所は厳しい目を向けがち**だからだ。

このことに関連して、ある自治体職員が印象的な話をしていた。

A. 派手で効果が高い
B. 地味で効果が高い
C. 地味で効果が低い

いわく、これら3つの取組みがある中で、成功した際に最も評価されるのはB、次いでCとなるが、**Aはほとんどと言っていいほど評価されない**という。逆に、失敗した際に**悪い評価を受けるのは圧倒的にA**。当然、A・Bは高い成果をめざすため難易度も高い。その結果、**多くの者がCの取組みを狙うこととなり、役所ではイノベーティブで大きな改善は生まれにくい**というのだ。

この状況は組織として大きな課題がある。早急に改善されるべきだろう。しかし、それを嘆くだけでは何も変わらない。重要なことは、その前提を踏まえて何をすべきかということだ。

まずはじめに必要なことは、**自らの「信頼残高」を意識する**ことだ。信頼残高が十分でなければ、AやBへのチャレンジは大きなリスクになりかねない。その場合は、あえてCのような取組みで**コツコツと信頼を獲得し、十分な信頼、あるいは能力を獲得したタイミングでAやBにチャレンジすべきだろう。**特に常識を打破する取組みは派手に見られがちだ。慎重を期して機会を伺いたい。

「前例」を使い倒せ――未来は前例から見通せる

「前例踏襲」という言葉がある。

「前任者がこうやっていたから」「先輩にそう教わったから」――。そんな台詞を免罪符に、思慮なく物事を進めたことはないだろうか。特に、役所で陥りがちな罠は、**「地味な領域や業務にはすでに改善できる余地はない。イノベーションなど必要ない」**といった思い込みだ。

当然だが、改善ができないものなど存在しない。第2章で紹介した、岡元譲史（寝屋川市）の徴収業務と鈴木浩之（神奈川県）の児童虐待対応。そして、第3章で紹介した、山本享兵（和光市）の公会計と、菊池明敏（岩手中部水道企業団）の水道。これらは、決して派手な領域ではない。しかし、彼らは前例にとらわれず成果を上げ、むしろ、自らの手で前例をつくった。

もちろん、前例は全否定されるべきものではない。先人たちが知恵を凝らし、考え抜いた当時の最善策だ。正しいあり方を検討した結果、前例通りがベスト、あるいはベターという場合も少なくないだろう。

しかし、時代の変化を考慮することなく、**ひとたび生まれた前例が、常に正しいものだと思考停止するのであれば、それは行政の無謬性という批判に甘んじることとなる。**


ネガティブな前例踏襲文化がある一方で、高い成果に結びつく、善例ともいえる前例にも目を向けたい。「新しい取組みの要素は、前例の中に必ずある」という、鈴木が述べた言葉もまた、前例の価値を浮き彫りにする。第4章に登場した大垣弥生（生駒市）が触れていたように、公務員には学び合いの文化が存在する。**自治体では常日頃から善例の共有が可能**なのである。企業秘密はあっても、自治体秘密という言葉は存在しない。この環境を活用すべきだろう。

前例調査など当たり前だ、と思うかもしれない。しかし、「徹底的に情報を集めて前例を使いこなしている」と自信を持って言える人はどれだけいるのだろうか。情報は本音で語られていないものや、表層的な場合もある。視察対応に追われるも、どの自治体も一歩を踏み出すことはなかったという嘆きが聞こえてくることもあれば、スキームだけを真似して魂が込められず、予算だけが消化されることもある。全国各地に散在する前例の善し悪しを見極め、活用可能な前例へと昇華させる余地は、まだまだ大きい。

興味深いことに、第4章で紹介した黒瀬啓介（平戸市）は、誰もが知るような著名な前例を模倣したわけではない。他自治体の目新しい事例からふるさと納税の可能性を確信し、寄附額日本一に導いたところに学ぶべきポイントがある。**前例から時代の変化を読み解き、実践していく力は、今後さらに求められるようになる。**その大前提として、山本が言う通り、多くの一次情報を収集すること。そして、前例を使い倒す気概と審美眼が不可欠だろう。

「慣習」に眠る改善の余地——業務の本質を突き詰めろ

こんな意識を持つ職員は、周りに存在しないだろうか。

「事務分掌に従って、与えられた役割を全うするのが自らの仕事だ。そして、何か気がつくことがあっても、他部署の仕事に関与する余地はなく、何もする必要はない」

企業にも縦割はある。しかし、営業担当が顧客ニーズを開発部門等に伝えたり、市場調査によって商品やサービスを改善したりする力は強く働いている。そうでなければ、厳しい企業間競争に生き残ることはできず、自分たちの給料や雇用にも影響が出るからだ。

一方、役所は常に一定の税収を確保し、公務員がクビになることもない。当然、恵まれた環境では危機感は醸成されない。そのため、**何かを依頼してくる同僚は、仕事を増やす外敵**かのように扱われる。

しかし、その壁を乗り越える道は存在する。第5章で紹介した酒井直人（中野区）は、対話を重視することで部署間の対立を克服した。そして、システム導入にとどまらず、慣習的に行われていた決裁権限にまでメスを入れたのである。また、同じく第5章で取り上げた脇雅昭（神奈川県）は、広域連携課で自治体間の利害を調整し、縦割りを突破した。加えて、常に事業の目的や本質を突き詰め、時代に合わないものには見直しをかけた。

役所のイノベーションを阻む最強の殺し文句「標準化」

他にも、公務員の活躍を阻む注意すべき慣習がある。

役所の仕事を文字通りの「お役所仕事」に変えてしまう最強の殺し文句が、「標準化」だ。「お前が異動した後に、誰がそれをやるんだ！」といった指摘が飛び、「後任が再現できないことはするな」と指示が下る。

率直に言えば、私がこれまで出会った優秀な公務員でも、この考えを是とする者は多い。しかし、残念ながらこの考えは**個を徹底的に殺し、役所のイノベーションを徹底的に阻んでいる**。

もちろん、「誰が担当しても常に同じ質の住民サービスが提供されるべき」という考え方を否定する気は毛頭ない。しかし、標準化とは、何も改善を加えないまま、ただただ従来どおりの品質を保つことではない。まず、**サービスの質を高めることがめざされるべきだろう。そして、それが実現した際、品質を維持するために求められる工程こそが標準化**なのである。

個人や組織の仕事の質は、株価のチャートのように上下運動を繰り返す。これは同一人物が提供するサービスであっても同様だ。**サービスの質には、一定の揺らぎが必ず存在する。**その前提に立つと、１のレベルであった質を10まで高め、後任が５の状態で引き継いだとしても、それは大きな成果であることがわかる。

そもそも、本来、品質管理は担当者ではなく、管理職や組織の幹部に求められる責務だ。**「お前が異動した後に、誰がそれをやるんだ！」という管理職の発言は、自らが無能であると宣言しているに等しい。**

やりたいことを実現する方法は、2つしかない

これらの「前例・常識・慣習」を打破しなければ、成果を上げることはできない。しかし、それを実践することは容易ではないことも事実だ。

「行動しても、叩かれるだけなんです……」

「やらなくちゃならないのは、わかってるけど……」

そんな想いを抱えている人は少なくないだろう。誰だってそうだ。新しいことを始めるときには、躊躇、逡巡、尻込みといった感情がつきまとう。**それでも、一歩を踏み出さなければ、何も変わらない。**

実のところ、役所の中でやりたいことを実現する方法を単純化すると、**「行動を起こす」「決裁を通す」**という、たったの2つのアプローチしか存在しない。

前者の「行動を起こす」ことは、本来、自らの意志で可能である。しかし、行動に躊躇

があるということは、**行動を起こす気持ちより、抑制する力が上回っている状態**にあると推測される。

その大きな要因の1つに、**「上司や同僚からの目」**がある。彼らからの信頼を獲得し、「仲間にする」ことが最も望ましい状態だが、少なくとも「理解を得る」状況まではつくりたい。そのために、**彼らの置かれている状況や、判断基準を分析してみる**ことが重要だ。本業の成果を重視する者、熱意を重視する者、大義を重視する者、日頃の人間関係を重視する者、自分にとってのメリットを重視する者など、さまざまケースが想定される。ある程度の関係性があるのであれば、直接相談してもいいだろう。意外と前向きな反応を得られる可能性もある。

また、歩みを止める他の要因として、**「自分の能力に対する不安」**がある。この対応には、学びを通じて能力を高めていく正攻法しかない。このときに陥りがちなのが、いつまで経っても実践を始めないということだ。ある有名な実業家はこう主張する。「経営能力を磨きたければ、自分で会社をつくるのが最も近道だ」と。臆さず実践を試みた者が早期に能力を高める。**学習と実践はともに大切だが、実践に身を放り込めば、否が応にも学ばざるを得ない**のである。

ちなみに、自分の能力が足りない場合には、周囲の力を借りて解決できる場合もある。誰でも自分一人で、すべてのことはできない。**頼れる人を増やすことも打開策の1つ**だ。

役所の中でやりたいことを実現するもう1つの方法は、「決裁を通す」ことだ。もちろん、難易度は高い。しかし、永続する仕組みは、大きな成果をもたらす。

見落とされがちだが、組織の意思決定は、その権限を持つ決裁権者が担っている。「財政課ができないと言っている」「人事課が無理だと言っている」など、**発言者が不明瞭な場合は、誰の意図なのかを突き詰めるべき**だろう。また、決裁権者に話が届くまでに、どの人物に根回しが必要なのかも合わせて想定されるべきだ。

さらに、**決裁権者と周囲のパワーバランスも考慮に入れたい**。最終的な決裁権者ではなくても、「この人が許可を出せば、周りは納得する」という場合もある。たとえば、A課長が承認すれば、B部長もそれに続くというケースだ。

多用はおすすめしないが、菊池や黒瀬のように直属の上司を飛び越えて決裁を進める方法もある。この場合は、**直属の上司に不快感を抱かれる可能性や、それに伴う実害を想定したうえで進めるべき**だろう。反動が生じるリスクは必ず存在する。

また、起案で注意すべきは、勝算を持って行うこと。なぜなら、一度、否認となると、それが前例となり、再度進めることが難しくなるからだ。

自己承認欲求という落とし穴

行動を起こす際に注意したいのが、「承認欲求」という魔物だ。なぜなら、役所はこの承認欲求が徹底的に疎まれる場であるからだ。

承認欲求のリスクを把握するための簡単な方法がある。今、あなたが実現したいことは、**自分の手で成し遂げたいのか、もしくは、他人が成し遂げてもよいのか**、自らに問いかけてみるといい。

もし、自分の手で成し遂げたい場合は、「周囲から認められたい」という欲求に注意を払う必要がある。念のために断っておくが、承認欲求は「絶対悪」ではない。誰もが持つ自然の欲求で、行動を喚起するプラスの働きもある。しかし、**承認欲求が態度や行動に垣間見えると、役所の中では疎まれ、不用意に敵をつくることになる。**さらには、仕事の成果よりも周囲からの評価に執着するあまり、結果を出すことができず、信頼を失うリスクもある。

自分を大きく見せようとすることによって被る実害は大きいが、**自分が小さく見られ**

ることによる実害はほとんどない。やるべきことに愚直に向き合い、成果を上げることが、承認欲求を満たす最善の方法だと捉えることが重要である。

あなたが変えられるものは何ですか

本書を手に取ってくださった皆さんは、何かを「変えたい」と思っているはずだ。それは、「お役所仕事」かもしれないし、「地域」かもしれない。あるいは、「組織」や「自分」かもしれない。いずれにしても、何かを「変える」にあたっては、大切なことがある。それは、**変えられるものを見抜く**ことだ。

アメリカの神学者である、ラインホールド・ニーバーの祈りに有名な一説がある。

神よ
変えられないものを受け入れる心の平静さを与えてください。
変えることのできるものを変える勇気を与えてください。
そして、変えることのできるものとできないものを見分ける英知を与えてください。

変えられないものを変えようとしても、変化は起こせない。それどころか自身や周囲のストレスを引き起こし、互いの心の平穏をも脅かすようになる。だからこそ、事を為すためには、変えられる可能性のあるものに絞ってアプローチをすることが重要となる。そして、そのためには、変えられるものと、そうでないものを見極める力が必要だ。やりたいことを実現できた未来は、今、変えられるものを積み重ねた先にしか存在しない。

公務員の仕事に誇りを持ち、公務員像をアップデートする

日々、活躍する公務員に触れる中で、率直に思うことがある。私を含め、多くの民間人が公務員になったとしたら、必死に努力を重ねて挑戦を繰り返すことが、果たしてできるのだろうか。少なくとも私にはできない。

公務員の世界は、想像以上に「出る杭は打たれる」世界だ。新しいことに挑戦すると組織の中で疎まれる。挑戦に失敗すると「ほら見たことか」と嘲笑され、成功しても大きな見返りはない。それにもかかわらず、本書で紹介したように、志高く仕事に取り組む公務員が全国に存在する。

彼らのような公務員が脚光を浴びるのは喜ばしいことだ。そう遠くない未来に、公務員

自身の奮闘によって、その活躍が認められる時代が来るだろう。これまで世間は公務員の個について、あまりにも知る機会が少なすぎたのである。

今はまだ公務員の世間的評価が高まっているとは言えない。だからこそ、本書を通じて、活躍する公務員が一人でも増えることを願っている。**公務員という仕事に誇りを持ち、次世代の公務員像を体現することで、公務員像をアップデートしてほしい**のだ。もちろん、その未来では、時代に合わない常識、前例、慣習が強いられることはない。

公務員は、「世の中」を変えることができる

「過去と他人は変えられない。今と自分は変えられる」

酒井が引用した、カナダの心理学者エリック・バーンの有名な言葉がある。

しかし、実のところ、**活躍する公務員は、「他人」をも変えている**のではないだろうか。彼らは、事を為す過程において、必ず「関係者」からの大きな信頼を勝ち得ている。そして、その信頼が、「関係者」の心と行動に変化をもたらしているのだ。

さらにいうと、人は他人だけではなく、**「過去」までをも変えることができる**のではないか。

「世にいう失敗の多くは、成功するまでに諦めてしまうところに原因がある」とは、松下幸之助の言葉だ。諦めなければ過去は失敗ではない。過去をどう定義するかは、我々に許された自由、あるいは権利なのである。

山田の尊敬する上司の言葉を思い出してほしい。

「『あのときやらかしたな』という酒は一緒に飲める。だけど、『お前は何もやらなかったな』という酒は飲めんぞ」

たとえ、勇気ある挑戦が不遇な結末を迎えたとしても、一歩踏み出した過去は良き思い出に変わる。帰するところ、我々は次のような世界観に生きることができる。

「過去〝も〟他人〝も〟変えられる、今〝も〟自分〝も〟変えられる」

変えられないものなどない。

公務員には、世の中を変える力があると信じている。

そして、その変革は、あなたの強い意志と行動から始まるのである。

おわりに――公務員の「可能性」を信じて

私は日本一、公務員にまみれた日々を送っている民間人の一人であると思う。

２０１６年に民間企業から独立起業して以来、毎年数千人の公務員と出会う。自治体の政策アドバイザーや民間企業へのコンサルなども務めるが、会社の主たる事業は公務員向けの３つの事業だ。

１つは、「地方自治体を応援するメディア　Heroes of Local Government（ＨＯＬＧ.ｊｐ）」という、活躍する公務員や首長を取材するウェブメディアの運営。次に、毎年開催する表彰イベント「地方公務員が本当にすごい！と思う地方公務員アワード」。そして、２０１９年1月から開始した、地方公務員を支援する有料コミュニティ「地方公務員オンラインサロン」がある。

これらの事業を展開することは、どうやら、クレイジーだと思われるようだ。実際に、公務員や首長、そして民間人を含め、多くの方から「なんで、こんなこと始めたの？」「これで食っていけるの？」と問われ続けてきた。周囲の予想通り、正直、儲かるものではない。一方で、この事業を行う理由を端的に言えば、「公務員には、世の中を変える力があるから」という一点に尽きる。行政はセーフティネットという役割を担う。その仕事の成果が高まれば、人々を根源的なレベルで幸せにすることができるのである。

今でこそ、私は公務員の価値を最も認識している民間人の一人だと思う。しかし、率直に言って、公務員に対するイメージは決して良いものではなかった。

ところが、人生はわからない。新卒で入社した企業で、海外子会社の立ち上げのため、本社から一人、ジャカルタに出向。当地で4年半過ごしたが、驚きの連続だった。都市部でも電気や水道は頻繁に止まり、道路はボコボコに荒れ、異常な渋滞が発生する。さらに、さまざまな行政手続きで、賄賂が慣習化していた。社会環境が違うため、単純比較が好ましいとは思わない。しかし、日本では、これらの不都合に苛まれたことはなかった。この経験から、私は日本の公務員の価値へと想いを馳せることができるようになったのである。

行政に興味を持った私を、公務員まみれの人生へといざなったのは、活躍する公務員の存在を知ったことだ。元石川県羽咋市職員の高野誠鮮さんの著書『ローマ法王に米を食べさせた男――過疎の村を救ったスーパー公務員は何をしたか？』（講談社）、そして、佐賀県庁の円城寺雄介さんの著書『県庁そろそろクビですか？――「はみ出し公務員」の挑戦』（小学館新書）を読んだときに、「個」としての公務員という存在を強烈に意識することとなった。

それまで公務員に対して、どこか顔が見えないのっぺりとした印象を持っていた私にとって、2人の具体的な仕事のストーリーは、とてもエキサイティングに映った。そして、彼らだけでなく、全国には、他にも多数の活躍する公務員が存在するはずだと確信した。

それ以来、活躍する公務員の情報を世に発信することが、公務員の価値向上に資すると考え、2016年7月に「地方自治体を応援するメディア」を立ち上げた。人生で初めてインタビューを行ったのは、前出の高野誠鮮さん。貴重なお話を伺ったが、編集の作法もわからずまとめた記事は、今見返すと恥ずかしいほど、改善すべき点がある。ただ、この取材をきっかけに、私は公務員という存在に、さらにのめり込むようになった。

ありがたいことに、起業後1、2年目から、活躍する公務員について大手メディアで寄稿させていただくなど、次第に活動規模が広がっていった。しかし、独立して2年半が経った頃に、自分の活動の価値を感じられず、虚無感に襲われることもあった。社会人になってからは毎年、前年よりも良い1年を過ごすことができたと感じていたが、2018年に、初めてその記録が途絶えた。

谷底を歩くような時期もあったが、周囲の方々のおかげで本当に救われた。日々お会いする首長や公務員の方、「地方公務員オンラインサロン」に参加してくださる方、「地方公務員が本当にすごい！と思う地方公務員アワード」に後援・協賛をしてくださる志の高い企業や団体の方々、前職の株式会社ＬＩＦＵＬＬで、生意気だった私を育ててくださり、退職後も気さくにお付き合いいただいている、井上高志社長、森野竜馬さん、加藤哲哉さん。そして、読者を含め、関わってくださったすべての方にお礼を申し上げる。

また、本書の企画を打診していただき、強力にサポートしてくださった、学陽書房の村上広大さんにも、この場を借りて感謝を申し上げたい。本書は私が事業を通じてめざす方向性を具現化する貴重な機会となった。読者の皆さんにとって少しでも参考になり、公務員の意義ある、そして、価値ある仕事のお役に立てれば、これに勝る喜びはない。

最後に、まったく儲かりそうにない事業で起業した自分を、本気で心配して止めてくれ、今では本気で応援してくれる両親や家族、そして、その家族と約20年連れ添い、先頃、天国に旅立った愛猫の琥珀と真冬にも、最大限の謝辞を送って締めたいと思う。

２０１９年７月

加藤　年紀

〈SPECIAL THANKS〉

高野誠鮮
樋渡啓祐
後藤好邦
今村寛
福井逸人
村川美詠
高倉万記子
田中弘樹
井上貴至
半田あかり
﨑田恭平
松本武洋
坂本勝敏
佐々木絵理
西須紀昭
小田理恵子
北川正恭
小泉和久
仲川げん
川名理恵子

奥貫賢太郎
桑原真琴
野中英樹
永田龍太郎
千葉茂明
太田千尋
三海厚
羽田幸広
生水裕美
和田大志
畫田浩一郎
石塚清香
鈴木康友
久保田崇
中田宏
時津孝康
林いさお
佐々木晶二
田中明美
入江智子

河尻和佳子
海老澤敬子
岩田早希代
園田裕史
領家誠
福薗恵子
中岡浩
安田美有希
佐久間智之
中軽米真人
及川慎太郎
落合謙次
杉本拓哉
須藤文彦
山本希
木村佳司
岡祐輔
小嶋敦夫
井上高志
加藤哲哉

野口真史
小池克典
石島裕昭
渡辺昌宏
村井雅子
田中百
山岡早穂
森野竜馬
田中圭介
豊田綾乃
安藤寛之
小野寺将人
小野寺光加
鈴木奈津子
山岸充
山口拓己
橋本有翔
宮城孝仁
藤原克彦
小橋一隆

市ノ澤充
緑川綾子
江本慎治
柴垣宏一
小島郷史
星野華子
加藤一郎
小野大輔
椎川忍
関治之
米田恵美
藤村昇司
高野真
鈴木奈央
土屋篤司
吉田雄人
藻谷浩介
岩波直樹
木村俊孝
種子田宗希

九法崇雄
石井大地
井原真吾
田村愛
明豊
上山信一
友岡一郎
犬飼むつみ
市岡ひかり
安部敏樹
中島利恭
国司言美
朝比奈一郎
阿部司
倉重宜弘
梁田真樹子
服部華奈
鷲見英利
小原隆
黒田隆明

佐々木貴
伊藤立軌
上原裕樹
橋本志帆
熊坂美央
湯浅謙一
箭野桃子
河村芳樹
三浦哲都
秋葉直人
遠藤希
水上大輔
平井雅俊
北辻あきら
Yusuke Hasegawa
山崎栄子
岡田淳志
伊東祐一郎
Tetsuya Saito
宮下功大

佐々木幸雄
坂本道洋
辻奈津紀
平田巌
渋田典子
大橋志帆
嶋田准也
服部純平
西田敏教
荒木俊亮
新井啓明
寺岡新司
松本輝之
小嶌久男
友田美穂
八野裕嗣
高橋翔太
千場洋介
三浦一将
Fumi Matsumoto

Hisae Kamizuru
久保田貴紀
堀川桃子
池田真樹
越村美保子
高松明弘
大西勇太
佐藤啓二
有田晋司
海老澤功
矢島建
石川愛子
金治諒子
佐藤彩子
濱田慶仁
渡辺あゆみ
山田晋太郎
Motoharu Suzuki
村上成道
原田知典

川津光由
布施芳文
西山敦
増村友哉
種生純子
小熊昌幸
矢嶋直美
佐藤良平
山本祐一
犬飼慎一
横山岳人
渡辺祥弘
Kimiharu Koseki
関隆晴
前野尚子
小林哲彦
飯島健一
磯田昌宏
林田達男
Tomohito Shinoda

北村圭
小宮山敦
大谷剛史郎
小足雄高
仲田太樹
小泉真衣
西澤公太
風戸嘉幸
Natsuki Arai
藤井(真島)佑佳
今井昴
泉田由妃
末吉耕太郎
木口孝志
小池啓道
神山伸一
諸見里直樹
高倉健太郎
鵜飼洋一郎
Kimiko Ogawa

佐藤由美子
Yousuke Hironaka
岡村幹純
酒井崇敦
Kazuya Ishizuka
打上勧
金澤剛史
戸塚宏之
大友浩一
西村信哉
神戸智代
飯山智也
吉弘拓生
真鍋彰宏
樋口豊
釘崎隆充
中野克紀
篠田一也
鈴木聡
中村亜由美

高村和哉
塩浜克也
瀧下賢二
佐藤尚史
清光隆典
五十嵐一生
本田智和
松原大悟
栗原千恵
水野拓弥
Yuta Takayanagi
小橋川星子
後藤努
永岡太佳子
渡邉宏太
Akio Kiyohara
馬場伸一
近藤誠人
増田慎也
中川淳

Akira Saida
藤田慎太郎
二角貴博
新原有揮
貞本建太
角張洋平
あだちもとき
山中晶一
牧野浩樹
清原茂史
前田健児
日野麻美
加藤由紀子
山本久美子
Ryo Ogino
相田貞晃
Eriko Abe
高藤和希
藤田壮大
小宮翼

添田拓郎
北澤美沙
石原裕文
表岳晃
黒本康敬
山口有美
小原良太
難波和幸
堤直規
佐藤容子
Seiichi Ozawa
土井恭平
田邉紀博
松本行央
明治達也
長澤美帆
松岡良樹
白石剛大
千葉大右
平田祐子

坂井孝行
遠藤由裕
橋口和彦
柏木将男
高瀬章充
水谷勇斗
星出一明
古畑久哉
浅見和寿
内山晃司郎
星野智哉
松井愼一郎
川崎晃斗
安田敏史
Miyata Toru
中山真
三木宜紀
籔内しずか
塩田貴紀
上野美知

遠山和真
和田将治
樋口修一
甲斐義高
深谷章史
渡邊俊太郎
伊東孝徳
内竹弥樹
村田大地
前田瑞貴
高橋清隆
高橋康弘
兒玉吉隆
篠原裕次郎
Fumie Koyama
宮野浩和
新井さん
鳥羽稔
佐藤大輔
小原一晃

吉田雅晴
榊田直美
納翔一郎
島田正樹
吾郷紘平
川口克仁
大木謙一
松永隆
安原洋子
千葉崎達
湯川致光
山下みさと
坂元英毅
立花基
森田浩司
吉井嗣和
綱辰幸
榎真一
古林忠度
佃杏子

著者紹介

加藤年紀（かとう・としき）

株式会社ホルグ代表取締役社長。2007年、株式会社ネクスト（現・株式会社LIFULL）入社。2012年、同社インドネシア子会社「PT.LIFULL MEDIA INDONESIA」の最高執行責任者（COO）／取締役として日本から一人で出向。子会社の立ち上げを行い、以降４年半の間ジャカルタに駐在。同社在籍中の2016年７月に、地方自治体を応援するウェブメディア「Heroes of Local Government（HOLG.jp）」を個人としてリリース。2016年９月に同社退社後、同年11月に株式会社ホルグを設立。各地で奮闘する公務員に取材、インタビュー記事を掲載するほか、2017年から「地方公務員が本当にすごい！と思う地方公務員アワード」を主催。2019年からは「地方公務員オンラインサロン」を運営。forbesjapan.comオフィシャル・コラムニストとして「地方公務員イノベーター列伝」を連載。その他「ダイヤモンドオンライン」「日経 xTECH」などで執筆・寄稿を行う。三芳町魅力あるまちづくり戦略会議政策アドバイザー（2018年度）。ニュースイッチ社外ファシリテーター。

なぜ、彼らは「お役所仕事」を変えられたのか？

常識・前例・慣習を打破する仕事術

2019年８月19日　初版発行
2020年１月８日　５刷発行

著　者　加藤年紀《かとうとしき》
発行者　佐久間重嘉
発行所　学 陽 書 房
〒102-0072　東京都千代田区飯田橋1-9-3
営業部／電話　03-3261-1111　FAX　03-5211-3300
編集部／電話　03-3261-1112　FAX　03-5211-3301
http://www.gakuyo.co.jp/　振替　00170-4-84240

ブックデザイン／スタジオダンク
写真提供／ another life.（p.20）
DTP 制作・印刷／精文堂印刷　　製本／東京美術紙工

ISBN 978-4-313-15099-7 C0034